AF602548

NOTICE

sur

M. L'ABBÉ CHARLES AZAIS

NOTICE

SUR

M. L'abbé Alexandre-Charles-Joseph AZAIS

par

M. LE CHANOINE AZAIS
(CETTE)

NIMES
IMPRIMERIE GERVAIS-BEDOT
Place de la Cathédrale.

1889

A LA MÉMOIRE

DE MONSEIGNEUR BESSON

C'est sous le patronage du cher et grand Évêque que le diocèse de Nimes vient de perdre et qui a jeté un si grand éclat sur le siège de cette ville que je tiens à placer cette notice. Les deux noms qu'elle rappelle me sont également chers et je les associe dans une même affection. Le premier est le nom d'un prélat qui m'a honoré de sa noble amitié, et l'autre celui d'un frère bien-aimé qui était comme la moitié de mon âme, *animæ meæ dimidium*. Mgr Besson daignait témoigner aux deux frères une sympathie dont ils étaient justement fiers. Il les accueillait dans son palais avec une bienveillance dont ils étaient profondément touchés. A plusieurs reprises, il avait bien voulu, dans ses voyages, s'arrêter à Cette et demander l'hospitalité au curé de Saint-Joseph. Il se plaisait à le regarder comme un membre honoraire de son clergé, appartenant par le cœur à son diocèse. C'est dans ces visites que l'abbé Charles Azaïs avait la joie de recevoir, avec son Évêque, son vicaire général, M. l'abbé Clastron. Il avait une grande affection pour cet éminent ecclésiastique dont il admirait la piété et le talent, et c'était pour lui une fête de le recevoir avec Monseigneur dans son presbytère : *Amabiles et decori in vitâ suâ in morte quoque non sunt divisi.*

Le curé de Saint-Joseph partageait le dévouement et l'admiration de son frère aîné pour l'Évêque de Nimes. Il lisait avec le plus avide empressement les admirables lettres pastorales et les belles vies de nos grands Évêques sorties de sa plume. Nous vivions tous les deux dans une sorte de culte pour cette grande figure épiscopale, et lorsque, pendant nos vacances, nous nous communiquions l'impression que produisait en nous la lecture des œuvres de l'éminent Évêque, c'était en chacun de nous un même cri d'admiration.

Monseigneur Besson connaissait l'affection étroite qui unissait les deux frères. Aussi, lorsqu'il apprit la mort du curé de Saint-Joseph, il ne se borna pas à envoyer ses condoléances à l'ancien aumônier du lycée de Nimes : il le pressa de quitter Cette et d'accepter l'hospitalité dans son palais : « Vous ne voulûtes pas, lui écrivit-il, consentir à accepter la proposition que je vous fis, à l'époque où vous prîtes votre retraite. Vous me répondîtes que votre frère vous réclamait et que vous ne pouviez pas vous soustraire à ses instances. Mais maintenant que ce cher frère n'est plus, je viens vous renouveler la même demande. Sachez que vous avez dans l'Évêque de Nimes qui vous connaît depuis longtemps un frère qui veut remplacer celui que la mort vous a ravi. Vous serez son hôte et l'affection qu'il sera heureux de vous témoigner adoucira les regrets que vous cause la perte du curé de Saint-Joseph. Il ne sera pas oublié; nous parlerons souvent de lui et vous trouverez en moi des sentiments qui répondront aux vôtres. »

Je connaissais son cœur. Je savais que je pouvais compter sur son affection, et il me l'a bien prouvé pendant mon trop court séjour à l'évêché. Il connaissait mon désir de consacrer une notice au récit de la vie de ce cher frère, et il m'encourageait à accomplir cette tâche de piété fraternelle. Il m'aurait aidé de ses conseils si la mort n'était pas venue le frapper d'une manière si soudaine. Dieu ne l'a pas voulu, et j'ai été seul pour écrire ces pages que j'aurais tenu à lui soumettre, comme un humble disciple à son maître.

Mais du moins son souvenir reste toujours attaché à cette œuvre, et en composant cette étude historique, il me semble que la grande figure de notre illustre Évêque plane sur moi. Je le vois en quelque sorte à mes côtés m'assistant à ce travail. Aussi c'est un besoin pour mon cœur autant qu'un devoir de lui dédier ces pages. Je ne saurais placer ce récit sous un meilleur patronage. C'est le patronage de l'affection, du dévouement et de l'éloquence et il ne sera pas sans honneur pour le curé de Cette.

Les deux frères réunis, celui qui tient la plume et celui qui n'est plus apportent un commun hommage au cher prélat et un écho à cet immense concert de louanges et de regrets que le diocèse de Nimes a déposé sur sa tombe. Le frère que j'ai perdu me conduit à la dernière demeure où repose le bon Évêque, et devant ces deux existences si vite brisées, je sens au fond de mon cœur une douleur qui ne s'éteindra qu'avec la vie.

J'espère que Mgr Besson qui a écrit l'histoire de nos grands Évêques contemporains, aura aussi son histoire et que soit à Nimes, soit à Besançon, quelque prêtre, inspiré par la reconnaissance écrira cette vie si bien remplie. C'est à côté de cette vie qu'attendent avec impatience les amis de l'éminent prélat que je viens déposer cette notice comme un grain de sable au pied d'un beau monument.

Après cet hommage que j'adresse à la mémoire de l'Évêque de Nimes, je prie Monseigneur de Cabrières d'accepter l'expression du dévouement et de la reconnaissance des deux frères. Je ne saurais oublier l'attachement qu'il avait pour le curé de Saint-Joseph et le témoignage si touchant qu'il lui a rendu par cette lettre émouvante qui a été lue à l'église, devant son cercueil et qui a fait couler tant de larmes. Je lui en exprime ici toute ma reconnaissance. La douleur n'est pas ingrate et nos larmes sont le témoignage de gratitude qui s'adresse à tous ceux qui ont aimé mon frère.

C'est sous le patronage de ces deux grands et chers Évêques qui ont eu tant de bienveillance pour l'abbé Charles Azaïs que je viens offrir cette notice à ses anciens paroissiens. Elle leur rendra sa mémoire plus chère et leur fera même comprendre toute l'étendue de la perte qu'ils ont faite. Tout leur désir c'est qu'ils le retrouvent dans ces pages tel qu'ils l'ont connu à la tête de la paroisse, avec son zèle et sa charité.

NOTICE HISTORIQUE

SUR

M. L'ABBÉ CHARLES AZAIS

C'est autant des affectueuses instances des amis de mon bien-aimé frère que de mon propre cœur que m'est venue la pensée de recueillir les souvenirs de sa vie et d'en publier le récit. Rien, il est vrai, dans l'existence paisible et modeste du curé de la paroisse St-Joseph de Cette, ne semblait appelé à une publicité qui était si loin de son esprit. Il fuyait le bruit et l'éclat, et dans sa pieuse simplicité, il ne voulait que le silence et l'oubli. Avec l'auteur de l'*Imitation*, il n'ambitionnait qu'une chose : vivre ignoré et n'être compté pour rien. *Ama nesciri et pro nihilo reputari.* — Mais si l'humilité aspire à se dérober et à se cacher, l'amitié a ses droits. Elle tient à conserver le souvenir de ceux qu'elle a aimés et elle demande qu'une plume fidèle et dévouée reproduise les principaux événements de leur vie. C'est ce sentiment qui a porté un ami du curé de Saint-Joseph, qui a été longtemps son vicaire, et qui l'a vu à l'œuvre, à faire des instances pressantes pour arracher à l'auteur de ces pages la promesse d'accomplir ce qu'il lui indiquait comme un devoir de piété fraternelle. Ce sentiment, je le sais, était partagé par d'autres prêtres amis, à qui sa mémoire est restée chère, et par ses paroissiens les plus dévoués, qui tenaient à voir revivre, dans un récit fidèle, la douce figure de leur bien-aimé pasteur. Or, c'est ce double désir du clergé et des fidèles, et c'est aussi, je dois l'avouer, un mouvement du cœur qui m'ont porté à entreprendre de raconter cette vie.

C'est sous le toit paternel du curé de St-Joseph, dans ce doux nid de son enfance, en face de cette église de son baptême où il aimait tant à prier, dans ce cher village de Fraïsse où il venait avec tant de joie, chaque année, goûter quelques jours de repos et se retremper dans l'air pur et vivifiant de nos montagnes, que j'écris les premières pages de cette notice. Tout ici me rappelle son souvenir. Je vois, non sans émotion, ces allées ombragées où il se promenait, un livre à la main, ces sentiers qu'il parcourait, en récitant le rosaire, ces collines que nous nous plaisions à gravir ensemble, et tous ces lieux me redisent son nom. Sa chère image semble planer sur ce paysage qui est tout plein de lui. Je crois reprendre à ses côtés ces chemins aimés, et chaque arbre, chaque pierre viennent faire, en quelque sorte, écho à ma pensée et fait revivre sous mes yeux quelque trait de sa vie.

CHAPITRE PREMIER

PREMIÈRES ANNÉES DE CHARLES AZAÏS

Le jeune Azaïs vit le jour dans la paroisse de Fraïsse, au mois de mars 1824, et reçut à son baptême les noms de Joseph-Alexandre-Charles. Il montra toujours une devotion particulière pour saint Joseph, et lorsque, plus tard, il fut placé à la tête d'une paroisse qui était sous le patronage de ce glorieux patriarche, sa pensée dominante fut de travailler avec zèle à propager le culte et l'honneur de ce saint. Dieu lui fit la grâce de le placer, en naissant, sur les genoux d'une mère pieuse et dans les bras d'un père sincèrement chrétien.

Un accident, survenu à l'âge de quatre ans, l'exposa au danger de perdre la vue. Il jouait devant le feu, lorsqu'il tomba au milieu des charbons. Le feu, qui était ardent, atteignit son visage et attaqua les paupières des yeux. On s'empressa d'employer des moyens lénitifs pour calmer la douleur et arrêter l'invasion de la plaie. On craignait beaucoup pour un des yeux que la brûlure avait fortement atteint. Son patron saint Joseph le préserva du danger qui le menaçait, et il ne resta de cet accident qu'une cicatrice qui s'étendit jusqu'à l'œil, et qui attestait la gravité du péril et la protection de saint Joseph. Cette cicatrice est restée toujours visible ; mais l'organe de la vue n'en a jamais souffert. Le souvenir de ce bienfait lui inspira plus tard la plus vive reconnaissance pour saint Joseph.

Il montra, dès son jeune âge, un caractère doux et facile qui lui attirait l'affection de tous ceux qui l'entouraient. On ne surprenait en lui aucun caprice, aucun mouvement de mauvaise humeur. On disait de lui qu'il avait la douceur de l'agneau. Cette qualité sera la vertu dominante de sa vie, et le jeune enfant, devenu plus tard prêtre, gagnera les âmes à Dieu, par l'attrait de sa douceur et de sa patience.

Il trouva dans sa famille cet esprit religieux qui fut le germe de sa vocation à l'état ecclésiastique. Il eut pour compagnon de ses études et de ses jeux un parent du même âge, qui montrait les mêmes inclinations et qui fut l'ami fidèle de ses jeunes années et de son âge mûr. Ils commencèrent ensemble, au village, leurs études classiques, et ils allèrent les continuer au Petit-Séminaire de Saint-Pons.

Cet établissement, fondé en 1824, par Mgr Fournier, d'illustre mémoire, était devenu très florissant sous l'habile direction du nouveau supérieur qui venait d'être placé à sa tête. C'était M. Martin, d'Agde, que sa réputation d'orateur distingué, d'esprit éminent et d'homme érudit désignait pour ces fonctions délicates. Il sut réunir autour de lui un personnel d'élite, qui s'associa avec dévouement à son œuvre. On remarquait, à ses côtés, l'abbé Roussac, intelligence vraiment supérieure, qui excellait à élucider les questions les plus abstraites et qui porta, dans l'enseignement de la philosophie, une pénétration, une sûreté de jugement qui auraient fait honneur à une chaire de faculté. On y voyait encore M. l'abbé Paulinier qui, dans la chaire de rhétorique, captivait ses élèves par le charme de sa parole. Sa diction élégante faisait pressentir le brillant orateur qu'on devait admirer sur de plus grands théâtres. Il était très aimé des élèves, et ses manières sympathiques gagnaient tous les cœurs.

M. l'abbé Ferret, des Aires, habile helléniste, que M. l'abbé Poilax attira plus tard au collège de Vaugirard, enseignait les humanités, et M. l'abbé Corone, à l'esprit gracieux, au langage pur et châtié, occupait la chaire de troisième.

Parmi ces professeurs, se trouvait un prêtre doux et modeste qui embaumait le séminaire du parfum de sa piété. C'était M. l'abbé Bessieux, devenu plus tard évêque du Gabon et l'apôtre des nègres. Comme un autre Lhomond, il n'avait voulu professer qu'une humble classe de septième. Ses élèves l'affectionnaient comme un père et le vénéraient comme un saint.

L'abbé Bessieux, aussi attentif à veiller sur leur cœur qu'à former leur esprit, recruta dans leurs rangs les membres d'une Congrégation à laquelle il chercha à communiquer les nobles sentiments qui débordaient de son cœur. Le jeune Charles Azaïs en fit partie, et ce fut au contact de ce saint prêtre que son âme, encore neuve, commença à s'ouvrir aux douces impressions de la piété.

C'est au Petit-Séminaire qu'il fit sa première

communion. Ce grand acte laissa dans son cœur une empreinte ineffaçable, et dès ce jour, on vit en lui une foi plus vive, des efforts plus soutenus pour la vertu et une tendre dévotion pour la sainte Vierge.

Charles Azaïs était un élève studieux et appliqué, plus remarquable par son amour pour le travail que par la vivacité de son intelligence. Le rang qu'il occupa dans ses classes et les prix qu'il remporta attestent que ses efforts n'étaient pas infructueux.

Mgr Thibautt avait une prédilection marquée pour cet établissement. Il l'avait embelli à grands frais, et il se plaisait à venir tous les ans, au mois de juillet, demander un peu de fraîcheur à ses ombrages. Pour stimuler l'ardeur des élèves, il avait fondé un prix d'honneur en faveur des rhétoriciens et des philosophes. Il corrigeait lui-même les copies du concours et il couronnait les lauréats. Le jeune Charles Azaïs eut la joie d'obtenir à son tour cette récompense si enviée.

Son condisciple et confrère Joseph Cros, qui partageait avec lui les prix des concours, aimait à raconter que leur professeur, M. l'abbé Paulinier, avait coutume de lire en classe la copie qui lui paraissait la meilleure. Or, un jour, les élèves, entendant cette lecture , se récrièrent , en disant : Ce n'est pas une copie, c'est le corrigé. Détrompez-vous, répliqua le professeur , c'est l'œuvre de l'un d'entre vous, et aussitôt, se tournant gracieusement vers le jeune Azaïs : Vos condisciples , dit-il, ne sauraient faire un plus bel éloge de votre travail.

Il fut admis à faire partie de l'académie établie dans le Petit-Séminaire, et composée de l'élite des élèves des hautes classes. Parmi ces jeunes académiciens, il en était deux que leur talent poétique distinguait entre tous. C'était le jeune Auguste Lamothe-Tenet, esprit vif, souple et facile, qui faisait applaudir des vers pleins de grâce et d'harmonie; c'était aussi le jeune de Bornier, de Lunel, qui préludait, dans ses essais poétiques, aux chefs-d'œuvre qui devaient plus tard illustrer la scène française.

Parmi les nombreux élèves qui fréquentaient l'établissement , Charles compta deux de ses frères et plus de quinze cousins. On eût dit une tribu de parents. Il trouvait dans cette parenté les Bourdel, qui devaient fournir plus tard des médecins distingués, un prêtre et plusieurs militaires. L'aîné d'entre eux, professeur, agrégé de la Faculté de Montpellier et praticien renommé, Adolphe Bourdel, entretint avec lui des rapports de la plus étroite amitié, et les deux cousins, après avoir été unis, pendant leur vie, par une affection vraiment fraternelle, et s'être souvent rencontrés au chevet des malades, l'un comme prêtre, et l'autre comme médecin, furent unis presque en même temps dans la mort et demeurèrent l'objet des mêmes regrets.

Charles Azaïs contracta sur les bancs du Séminaire de précieuses amitiés qui ont été la joie de toute sa vie. Nous devons placer en tête M. Auguste Lamothe-Tenet, le plus cher, le plus fidèle, le plus dévoué de ses amis. Prêtres tous les deux, ils étaient destinés à se retrouver comme vicaires de la cathédrale, et à cimenter, par des relations de chaque jour, cette union intime basée sur la piété, qui ne faisait d'eux qu'un cœur et une âme.

Le frère de M. Lamothe-Tenet, le contre-amiral Lamothe-Tenet, faisait partie de ce cercle d'amis, et il nous écrit qu'aussi loin que remontent ses souvenirs, il revoit toujours avec émotion l'image attachante de la bonté, de la douceur, de la piété de ce cher condisciple de Saint-Pons.

Parmi ses condisciples, il en était un, originaire, comme lui, de nos montagnes, intelligent et laborieux, qui se destinait à l'état ecclésiastique. Ses études classiques achevées, il alla au Séminaire de Saint-Sulpice pour obéir à sa vocation. Il semblait promettre à l'Église un prêtre distingué. Mais après une année d'épreuves, il quitta le Séminaire. La vocation avait disparu avec tous les dons qu'il avait reçus du ciel. Je le vis, le soir même de son arrivée. Il venait de s'endormir, tenant entre ses mains son chapelet. C'était une nature honnête et droite. La politique l'a égaré, mais tôt ou tard, Dieu saura bien le reprendre. Cette désertion fut un sujet de tristesse pour l'abbé Charles.

A côté de ces noms aimés, nous nous plaisons à placer celui d'un autre condisciple de Charles, Henri Goffino, qui devait plus tard exercer le ministère pastoral dans la même ville, et devenir son collègue et son doyen à Cette.

Nous ne saurions oublier le compagnon de toutes ses études au petit et au grand séminaire, son cousin, l'abbé Cros, qu'il aimait comme un frère, et qui se trouva mêlé, pendant plus d'un demi-siècle, à tous les événements de sa vie.

Les souvenirs de Saint-Pons, de ses condisciples et de ses maîtres, restèrent toujours vivants dans son cœur. Il se plaisait à revenir vers ces douces années de sa jeunesse, et le nom de son éminent supérieur, M. l'abbé Martin dont il admirait la belle parole, de son bien-aimé professeur, M. l'abbé Paulinier pour lequel il avait une sorte de culte et qui lui portait un affectueux intérêt, de M. l'abbé Bessieux, le saint prêtre qu'entourait la vénération de tous les élèves, excitaient toujours dans son âme, avec un sentiment d'admiration, celui d'une filiale reconnaissance.

Après avoir achevé avec succès ses études, Charles Azaïs se présenta devant la Faculté des lettres de Montpellier et il fut reçu bachelier. Sa vocation à l'état ecclésiastique avait été préparée et mûrie par les sages conseils de son directeur de Saint-Pons. Il entra aussitôt au Grand-Séminaire pour suivre les cours de théologie. Il y avait alors parmi les professeurs de cet établissement un prêtre d'une intelligence élevée, d'un grand renom de science et qui jouissait d'une autorité souveraine sur l'esprit des élèves, M. l'abbé Peyrac. Il accueillit avec bonté le jeune séminariste et l'initia à ses nouvelles études. Sous la direction de ses maîtres, Charles Azaïs se livra avec ardeur au travail, écoutant attentivement les leçons de ses professeurs et se montrant constamment studieux et appliqué. Ce fut surtout un élève docile et pieux, observant fidèlement la règle et révélant cet amour persévérant du devoir qui restera comme toujours le mobile de sa conduite.

Sa vie régulière qui ne se démentit jamais lui attira l'affection de ses directeurs, et Monsieur l'abbé Peyrac, son éminent professeur, ne cessa de l'entourer de ses marques d'estime et de ses encouragements les plus bienveillants.

Aussi le disciple reconnaissant a gardé toute sa vie un profond souvenir des précieux conseils et des bontés de celui qui fut son supérieur, et après sa promotion au sacerdoce, on le vit reprendre fréquemment le chemin du Séminaire pour aller chercher des lumières auprès de ses anciens guides.

Il touchait déjà à la fin de ses études classiques lorsque, à l'appel de son frère, il alla passer ses vacances dans le diocèse de Nimes, au sein d'une honorable famille qui tenait à le posséder. Il y reçut l'accueil le plus aimable. Sa nature simple, franche et ouverte goûta tout le charme de cette hospitalité. Sa grande joie était de servir chaque matin la messe de l'aumônier de cette campagne. La petite chapelle domestique avec les lignes si pures de son architecture ogivale et le gracieux tableau de Mignard représentant l'Enfant-Jésus endormi sur les genoux de sa mère le ravissait. Il s'était fait comme le gardien du charmant oratoire et on le voyait chaque jour aller cueillir les plus belles fleurs du jardin et à en former d'agréables bouquets pour décorer l'autel de la Sainte-Vierge.

Quelques années après, pendant qu'il était vicaire à Notre-Dame de Beaucaire, il allait au printemps faire son pèlerinage à cette chère chapelle, y dire la Sainte-Messe, entouré de la famille qui l'accueillait comme un fils de la maison, et la chapelle de Notre-Dame de Brouzet resta un des plus doux souvenirs de son vicariat à Beaucaire. Il se lia d'une étroite amitié avec le fils unique de cette famille. Ils étaient du même âge ; ils faisaient la même classe ; tous les deux portaient le nom de Charles, et les liens qui les unissaient comme deux frères n'ont été brisés que par la mort.

Il fut autorisé à aller attendre, au sein de sa famille, le temps prescrit pour sa promotion au sacerdoce. Il reste un souvenir du temps qu'il passa sous le toit paternel. Il fit planter sur un côteau voisin de l'habitation un bouquet de chênes destiné à perpétuer le souvenir de son ordination. Aujourd'hui les chênes ont grandi; ils forment une belle chênaie qui donne de l'ombre pendant l'été. Chaque année, à l'époque des vacances, l'abbé Charles s'empressait de les visiter: il aimait à se promener sous leur feuillage touffu, à y faire sa lecture de piété, à y réciter son office et son chapelet. Ces arbres, contemporains des débuts de son sacerdoce, semblèrent s'associer à ses prières et bénir avec lui le Seigneur.

C'est près de ce bouquet de chênes qu'il fit ériger une belle croix en fer, afin de donner à ce lieu qui lui était cher une sorte de consécration religieuse. La cérémonie de cette plantation fut des plus touchantes. Elle fut présidée par notre cher oncle l'abbé Joseph Azaïs, curé doyen de La Salvetat, prédécesseur de M. l'abbé Michel. Nous étions quatre prêtres parents, qui portions cette croix en triomphe sur nos épaules. La population de Fraïsse et des environs assistait avec recueillement à cette procession, et la croix fut saluée par les prières et les pieuses acclamations de la foule.

Quelques années après, Mgr de Rovérié de Cabrières, notre évêque bien-aimé, à qui notre famille s'honorait d'avoir donné l'hospitalité, voulut visiter cette croix, et après avoir prié à ses pieds, il y attacha une indulgence de quarante jours : souvenir précieux qui nous la rend bien chère et qui est une bénédiction de plus pour tous ceux qui passent devant cette croix et qui la saluent.

Cette croix de l'abbé Charles, au pied de laquelle il allait souvent s'agenouiller, donne en quelque sorte la main à une croix plus ancienne plantée par son frère aîné près de la maison paternelle. C'était la croix privilégiée de notre regretté père, et, chaque soir, à l'âge de 92 ans, malgré même l'inclémence de la saison, il ne manquait pas d'aller y faire dévotement sa prière. Pie IX de sainte mémoire l'avait enrichie de 300 jours d'indulgences. Chacun des frères a tenu à laisser sur nos montagnes un semblable souvenir, et le plus jeune, ancien médecin principal de l'hôpital militaire de Bordeaux, officier de la Légion d'honneur, a fait ériger sur un plateau élevé, battu par l'ouragan pendant l'hiver, un autre croix en mémoire de ses campagnes de Chine, de Cochinchine et du Mexique. Ces trois croix qui attirent de loin les regards et qui se répondent de tous les points de l'horizon, sont comme un gage de protection pour les voyageurs qui les saluent en p[illegible].

Cette dernière croix a un souvenir qui nous

(1) Voir appendice, p. 107.

la rend plus chère. Elle a été bénite par notre compatriote, Mgr de Saint-Palais, évêque de Vincennes, dans l'Indiana. Il voulut bien encore donner cette bénédiction comme un souvenir de sa visite, et il nous fit part des indulgences qu'il venait de demander à Rome pendant le Concile. Pendant les rigueurs de l'hiver, cette croix devient un repère pour les voyageurs qui perdent leur route dans une tourmente de neige.

L'abbé Charles a laissé d'autres souvenirs de piété à l'église de son village. A part les vitraux qui la décorent, il a fait don à la chapelle de son patron saint Joseph d'une belle statue de ce saint. Ce signe pieux a puissamment contribué à développer dans la paroisse la dévotion à ce glorieux patriarche.

Monseigneur Thibault, n'ayant pas encore de poste vacant dans le diocèse, consentit à le céder momentanément à Mgr Cart, évêque de Nîmes. On lui confia une chaire de professeur au collège de Sommières. Cet établissement avait alors à sa tête un prêtre vénéré qui devait être plus tard un saint religieux citercien au monastère de Fontfroide, ls bon et pieux abbé Léonard, devenu le R P. Jean, surnommé par ses amis le saint Bernard du nouvel ordre de

Citeaux. C'est a cette époque que remontent les relations de l'abbé Charles avec cet austère religieux.

Il n'y passa qu'une année et il fut appelé à remplir les fonctions de vicaire à l'église de Netre-Dame de Beaucaire. Il eut la bonne fortune d'avoir pour collègue un confrère à l'esprit sérieux, à l'âme éminemment sacerdotale comme la sienne, M. l'abbé Imberton. Ce fut pour lui un ami dévoué. Il y avait entre eux une grande conformité de goûts, et chaque après-midi ils se réunissaient et se rendaient réciproquement compte de leurs études, des chapitres de l'Écriture-Sainte qu'ils avaient étudiés, des pages de l'histoire de l'Église de Rarbache qu'ils avaient lues depuis la semaine précédente et cette revue faite ensemble était pour eux du plus grand intérêt.

Quoique l'abbé Charles ne soit resté que peu de temps dans cette paroisse, son court passage n'a pas été oublié. On se souvient encore, après trente ans, de son zèle et de sa charité, et j'aime à me rappeler le témoignage que voulut bien lui rendre Mgr Cart qui l'avait vu à l'œuvre à son heure dernière. Le saint évèque, après avoir reçu, en présence de son clergé, les derniers sacrements, voulut embrasser et bénir chacun des prêtres qui avaient assisté à cette cérémonie. Or, lorsque celui qui écrit cette notice eut reçu le saint baiser du prélat, « je ne dois pas oublier, dit l'auguste mourant, que votre frère a travaillé dans ma vigne. : dites-lui que je lui envoie ma bénédiction. » Touchant souvenir qui laissa au cœur du jeune vicaire un vif sentiment de reconnaissance et de vénération pour Mgr Cart !

CHAPITRE II

L'ABBÉ CHARLES AZAÏS, VICAIRE A SAINTE-ANNE ET A LA CATHÉDRALE, — CURÉ DE CAPESTANG

—

Monseigneur Thibaut ne perdit pas de vue le vicaire de Beaucaire, qu'il n'avait cédé que pour un temps au diocèse de Nimes. Il le rappela, après une courte absence, dans son diocèse, et le nomma vicaire à Sainte-Anne.

Le curé de cette paroisse, M. l'abbé Sabattié, apprit que son nouveau vicaire était le neveu d'un de ses condisciples au Grand-Séminaire de Montpellier, l'abbé Joseph Azaïs, curé-doyen de La Salvetat, et il lui fit l'accueil le plus affectueux. C'était un curé d'une vie exemplaire, tout entier au soin de sa paroisse, partageant sa journée entre la prière, les confessions, la visite des malades et l'étude. Ce fut une excellente école pour un jeune vicaire, et si plus tard, l'abbé Charles Azaïs, devenu curé, montra un zèle semblable, dans les fonctions du ministère paroissial, il dut s'inspirer des exemples qu'il avait eus sous ses yeux. Il conserva un précieux souvenir des vertus de son ancien curé ; il fut témoin de ses constantes préoccupations pour la reconstruction de son église, de sa générosité et de ses pieuses industries pour recueillir les fonds nécessaires à cette entreprise, et il rendit hommage à son désintéressement et à sa charité. Si le nouvel édifice n'a pas répondu pleinement aux désirs du pasteur, ce n'est pas à lui qu'on doit l'imputer; car il mit, dans cette œuvre, avec son cœur, toutes ses ressources.

L'abbé Azaïs ne resta pas longtemps dans cette paroisse. Une vacance eut lieu parmi les vicaires de la cathédrale, et il fut appelé à la remplir. Il eut la joie d'y rencontrer pour collègue son ancien condisciple du Petit-Séminaire de Saint-Pons, M. l'abbé Auguste Lamothe-Tenet, et cette collaboration ne fit que resserrer les liens de l'amitié qui les unissait depuis leurs jeunes années. Tout devint commun entre eux, leurs exercices de piété, leurs études, leurs promenades. Debout à cinq heures du matin, ils se réunissaient pour faire leur méditation dans le petit oratoire préparé dans la chambre de l'un d'eux, et récitaient ensemble les Petites Heures. Ils étudiaient à côté l'un de l'autre l'Écriture-Sainte et la Théologie. Les paroissiens de Saint-

Pierre avaient été frappés de cette union, et en les voyant passer pour se rendre à l'église ou aller faire ensemble une promenade, on les saluait avec un affectueux respect comme deux frères.

Les catéchismes de la paroisse étaient l'objet de leur constante sollicitude. Ils apportaient un soin tout particulier pour captiver l'attention des enfants, exciter leur émulation et rendre les réunions attrayantes. Ils savaient démêler dans leurs rangs quelques vocations ecclésiastiques qu'ils s'attachaient à cultiver. Ils recueillaient dans leur chambre ceux qu'ils avaient choisis, leur donnaient des leçons et les préparaient pour le Séminaire. Le diocèse compte aujourd'hui dans son clergé plusieurs prêtres sortis de cette école vicariale, et parmi eux , deux curés-doyens, qui ont pleinement justifié , par leurs talents et leur piété, les espérances fondées sur eux.

Le but des promenades des jeunes vicaires était souvent le Grand-Séminaire. Ils se plaisaient à aller visiter leurs anciens directeurs , et dans la belle saison , les jours de congé , ils étaient heureux de reprendre le chemin de la campagne qu'ils avaient si souvent parcouru, lorsqu'ils étaient élèves. C'était pour eux une occasion de faire , sous les beaux ombrages de Bellevue, la retraite du mois.

L'abbé Azaïs se lia, pendant son vicariat, d'une étroite amitié avec M. l'abbé Soulas , ce prêtre zélé qui, avant d'embrasser l'Œuvre des Missions diocésaines, avait laissé, comme vicaire, de si précieux souvenirs de son passage à La Salvetat et à la cathédrale. Le vicaire de Saint-Pierre aimait à converser avec lui, et il recueillait dans ces entretiens quelques étincelles du feu sacré qui consumait l'âme de l'ardent missionnaire. Il s'empressait d'assister aux exercices de l'Adoration nocturne que M. l'abbé Soulas avait fondée dans la chapelle de la Mission, et qui réunissait la plupart des membres du jeune clergé de la ville. Il allait, chaque jour réciter ses vêpres, dans sa chapelle.

L'abbé Azaïs était déjà mûr pour le ministère des paroisses. Mgr Le Courtier le nomma, en 1854, à la cure de Capestang. Il succédait à un *saint prêtre*, qui avait été pendant plusieurs années professeur de morale au Grand-Séminaire, et qui était venu consacrer les dernières ardeurs de son zèle à cette importante paroisse. C'était M. l'abbé Vernière. Il avait achevé d'y user ses forces et sa santé, et les infirmités qui venaient de l'atteindre l'avaient contraint à prendre sa retraite.

Cette paroisse offrait au nouveau curé un champ difficile à cultiver. La population, travaillée par l'esprit révolutionnaire, opposait l'indifférence la plus profonde à l'action sacerdotale et restait étrangère aux pratiques religieuses. Il fallait user d'une prudence extrême et éviter avec soin tout ce qui pouvait froisser. Il voulut d'abord, comme le bon Pasteur, connaître ses brebis, se faire connaître à elles, et il entreprit la visite de chaque famille. Il fut accueilli partout avec respect et même avec sympathie, et les bonnes paroles qu'il eut pour chacun de ses paroissiens finirent par lui gagner tous les cœurs. L'un d'eux, qui affichait la haine du prêtre, l'accueillit d'abord par des procédés grossiers et blessants. Le curé, sans se laisser déconcerter par ce premier abord, sut trouver, dans les aspirations de sa charité, des paroles si affectueuses, que le farouche paroissien, vaincu par cette douceur, se dérida, fit des excuses et se décida à serrer la main que lui tendit le bon pasteur. La belle et vaste église de Capestang, qui était devenue déserte, excepté les jours des grandes fêtes, vit désormais une assistance nombreuse se presser dans son enceinte.

Il passa quinze ans dans cette paroisse, et à

force de patience, de mansuétude et de prévenances, il finit par triompher des résistances et par conquérir l'estime universelle. Un jour, une personne, qui insistait vainement pour obtenir une concession qui était injuste, voyant ses instances inutiles, se laissa emporter avec violence à tenir un langage blessant. Le curé impassible se borna à répondre : « Je me prépare à aller dire la Sainte-Messe. » Cette personne s'arrêta confondue par cette parole si calme, rentra en elle-même et avoua ses torts. Son cœur, comme son presbytère, était ouvert à tout le monde, et nul ne l'approchait sans être subjugué par sa bienveillance et sans rendre hommage à sa vertu.

Les enfants étaient surtout l'objet de sa sollicitude. Il apportait un soin particulier à leur enseigner le catéchisme, et quand approchait l'époque de la première communion, il redoublait de vigilance et de zèle pour les préparer à ce grand acte. Tout en rendant justice à l'intelligent instituteur qui dirigeait l'école des garçons et aux institutrices chargées de l'école des filles, il aurait voulu pouvoir les confier aux Frères des Écoles chrétiennes et aux Sœurs de S. Vincent de Paul. Les temps ne semblaient pas encore assez mûrs pour l'établissement des écoles congréganistes. C'est un de ses successeurs qui a eu la joie d'obtenir le généreux concours d'une famille chrétienne et de placer les Sœurs de S. Vincent de Paul à la tête de l'école des filles.

Le curé était justement fier de sa magnifique église, œuvre inachevée mais grandiose du xivme siècle. Il ne se lassait pas d'en admirer la superbe architecture, les voûtes hardies, les ogives élancées, les grandes verrières du chœur versant des flots de lumière dans le sanctuaire. Il se laissait aller au désir de prolonger la nef en y ajoutant une ou deux travées et d'en faire ainsi une église rivale de nos plus belles cathédrales. Mais ce n'était là qu'un rêve que son imagination pouvait caresser, mais impossible à réaliser dans un siècle qui a perdu la foi des temps anciens. Il dut se borner à quelques travaux de décoration dans les chapelles et il laissa à son successeur le soin de restaurer la voûte et les murs et d'orner le sanctuaire.

Il aimait à raconter un incident étrange qui vint troubler le calme ordinaire de sa demeure. Pendant une nuit d'été, il fut tout à coup réveillé par un grand bruit qui se fit à la porte du presbytère. Il se lève rapidement, il ouvre et il aperçoit un groupe de capucins qu'entoure une jeunesse bruyante. On lui dit que ces religieux inconnus viennent d'être recontrés sur la route, cheminant ensemble. Cette marche nocturne et l'étrangeté du costume ont éveillé les soupçons de ceux qui les ont rencontrés. On les a pris pour des hommes suspects et on les a arrêtés. Ceux-ci ont demandé à être conduits chez le curé qui pourra leur servir de caution et attester leur honorabilité. Le curé, en les voyant reconnaît aussitôt de bons religieux qui ont droit au respect. Ce sont des novices de l'ordre des capucins, qui voyagent à pied par esprit de pauvreté et qui se rendent à Carcassonne où se trouve une de leurs maisons. Or comme les chaleurs étaient accablantes, ils marchaient la nuit pour se soustraire aux ardeurs de la canicule, et c'est ce voyage nocturne qui a causé la fâcheuse méprise dont ils viennent d'être victimes. L'abbé Azaïs s'empresse de les recevoir dans son presbytère et de leur faire oublier par l'accueil le plus cordial cette étrange mésaventure. Dès que la vérité est connue l'attitude de la foule devient respectueuse. Les bons religieux altérés par la fatigue de la marche acceptent avec reconnaissance les rafraîchissements qui leur sont offerts et, après quelques moments de repos, reprennent leur marche, au milieu des marques de bienveillance de ceux qui venaient de les arrêter.

A la tête de ces voyageurs se trouvait un jeune religieux, à la figure douce et sympathique, le père Alfred, frère de Mgr Mermillod, évêque de Fribourg. Le curé lui demanda de venir un jour, avec quelques-uns de ses pères, évangéliser cette population qui les avait accueillis comme des hommes suspects. Le père le promit. Mais quand il se décida à tenir sa promesse, l'abbé Azaïs n'était plus à Capestang. Son évêque venait de l'appeler à la cure de Saint-Joseph de Cette. Ce fut son successeur qui reçut les capucins et qui recueillit les fruits de cette mission préparée par son prédécesseur.

Le souvenir de Capestang resta toujours cher au cœur de l'ancien curé. il y rencontra quelques âmes choisies qui donnaient l'exemple d'une haute piété. Cette population composée d'agriculteurs et de propriétaires et qui unissaient au zèle pour la maison de Dieu un grand amour pour les pauvres lui était sincèrement dévouée et commençait à répondre aux efforts de son zèle : elle secouait son indifférence et reprenait le chemin de l'église pour assister aux offices. Les Sœurs de Saint-Vincent-de-Paul avaient été placés à l'hôpital par l'influence de leurs vertus, elles préparèrent les voies à celles qui allaient venir bientôt diriger les écoles des filles). Les propriétaires des grands domaines des environs entretenaient avec leur pasteur d'aimables relations, et les noms des châteaux de Saint-Nazaire, d'Oreilhan, de la Redonde, de Célicate que je redis ici, avec un sentiment de vive reconnaissance, rappellent l'accueil empressé qu'on se plaisait à faire au pasteur. Le château de Preissan où résidait l'honorable famille de Suffren, quoique en dehors de la circonscription paroissiale, ne se montrait pas moins hospitalier, et tous ces propriétaires semblaient rivaliser d'estime et de dévouement pour leur curé. Celui-ci s'y montrait toujours en prêtre, et son attitude pleine de déférence et de modestie, mais toujours parfaitement digne inspirait à tous un profond respect pour sa personne.

Ses rapports avec ses confrères étaient des plus affectueux,. Les curés des paroisses voisines ne manquaient pas de se trouver au rendez-vous que leur donnait le doyen dans sa belle église, le jour de la fête de l'Adoration perpétuelle. Là se trouvaient le modèle et vénérable curé de Quarante, M. l'abbé Cabanc, qui était depuis cinquante ans à la tête de sa chère église, les curés de Maureilhan, de Puisserguier et de Poilhès, le curé de Montady, le bon abbé Ginyès qui n'avait pas voulu échanger la modeste paroisse qu'il administrait depuis plus de quarante ans, contre une autre plus importante. et ce cher abbé Favier, curé de Nissan, ancien vicaire de La Salvetat, qui avait gardé un si bon souvenir de ce poste de montagne et de son curé. Quelques amis du voisinage, quelques anciens condisciples venaient prendre part à ces fêtes, et celui qui écrit cette notice ne peut se souvenir sans émotion de ces réunions pleines d'abandon et de charme où les cœurs s'épanouissaient librement dans d'aimables causeries, après s'être répandus en ferventes prières au pied da l'autel.

Les conférences ecclésiastiques se tenaient très régulièrement. Les conférenciers désignés apportaient leur travail préparé avec soin. La discussion s'ouvrait sur les matières qui venaient d'être traitées, et ces réunions qui se terminaient par des agapes fraternelles contribuaient à resserrer les liens qui unissaient les membres du clergé dn canton.

A Capestang, avec une population de trois mille âmes qui estimait son curé, le ministère était facile. L'abbé Charles Azaïs, avec le secours d'un vicaire, pouvait suffire à sa tâche. Il connaissait tous ses paroissiens; il visitait, à plusieurs reprises, tous ses malades, presque aucun n'échappait à sa sollicitude et il avait la consolation de les préparer à une mort chrétienne.

Mais la Providence allait l'arracher à cette vie douce et paisible pour le transporter sur un plus grand théâtre.

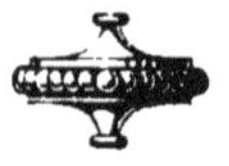

CHAPITRE III

SA NOMINATION A LA CURE DE SAINT-JOSEPH DE CETTE, SES DÉBUTS, LES ÉCOLES

—

Le curé de Saint-Joseph de Cette, M. l'abbé Gayda venait de mourir après avoir administré avec autant de dévouement que de sagesse cette importante paroisse, et les fatigues d'une existence laborieuse n'avaient pas été étrangères à la maladie qui l'avait emporté. Il laissait à celui qui était appelé à prendre sa place une succession qui n'était pas sans difficultés, une paroisse de près de 20,000 âmes et une église étroite, tout à fait insuffisante, pour cette nombreuse population.

Par ses soins, cette paroisse, qui n'était qu'une succursale, avait été érigée en cure de seconde classe, et les œuvres qu'il avait fondées préparaient des consolations au ministère du prêtre. Il avait succombé au mois de mai 1869, emportant les regrets de tout son troupeau, et peu de temps après, au mois de juillet de la même année, l'abbé Charles était choisi pour le remplacer. C'était un bien lourd fardeau pour ses épaules, et la première impression de son âme fut un sentiment de terreur. Il s'inclina cependant avec respect devant la volonté de son évêque qu'il avait toujours considéré comme l'organe même de Dieu, et après avoir répandu toutes les émotions de son âme aux pieds du crucifix, dans une ardente prière, il se releva calme et confiant, envoyant à l'autorité ecclésiastique l'acceptation pleine et entière de la décision qu'elle venait de prendre à son égard.

Il ne tarda pas à venir prendre possession de son nouveau poste et il fut installé par M. l'abbé Bousquet, son condisciple, vicaire général du diocèse et enfant de Cette. Il trouva deux fabriciens pleins de zèle pour les intérêts de l'église et disposés à seconder leur nouveau pasteur. L'autorité civile prêtait alors son concours à l'autorité religieuse, et le nom de M. Doumet, comme maire de Cette, rappelle une administration loyale, bienveillante, sincèrement dévouée au bien public.

Les curés des deux autres églises accueillirent de leur côté leur confrère avec la plus aimable cordialité. L'un d'eux, placé à la tête de la principale paroisse, M. l'abbé Gaffeno avait été son condisciple au Petit-Séminaire de Saint-Pons : ils aimaient à se rappeler entre eux qu'assis sur les mêmes bancs, ils avaient eu les mêmes maîtres et avaient passé ensemble les plus belles années de leur jeunesse.

Les débuts de son ministère ne furent pas sans consolations et les paroissiens de Saint-Joseph ne tardèrent pas à tourner vers leur nouveau curé un regard sympathique et confiant. L'avènement imprévu de la République venait de faire surgir du sein des masses populaires quelques hommes ambitieux et intriguants qui manifestaient la pensée de susciter des entraves à l'action du clergé. Mais peu à peu les plus violents furent écartés, et l'on vit arriver dans les conseils de la commune des hommes sages et modérés qui comprirent que leur premier devoir était de respecter la liberté de tous. Le clergé de Cette, se conformant à la politique de l'Évangile, demeura étranger à tous les partis, et se montra uniquement dévoué aux biens des âmes.

Cependant les hommes nouveaux qui arrivaient au pouvoir, fidèles au mot d'ordre venu des loges, s'empressèrent de laïciser les écoles publiques et bâtirent à grands frais des groupes scolaires qui ont été une charge si lourde pour les finances de la ville. L'enseignement chrétien en fut banni, avec soin, et l'on vit s'ouvrir dans tous les quartiers des écoles sans Dieu où l'on chercha à attirer les enfants du peuple par l'appat des avantages matériels qu'on leur offrait.

Ce fut alors que les curés de Cette, émus des dangers auxquels étaient exposée l'âme des enfants condamnés à grandir dans les écoles sans aucune instruction religieuse, se concertèrent pour fonder des écoles libres dirigées par des maîtres chrétiens.

Le curé de Saint-Joseph, puissamment secondé par des hommes dévoués, qui formèrent un Comité, fit appel à la charité de ses paroissiens, et bientôt, à l'aide de souscriptions généreuses, il fonda le pensionnat des Frères des Ecoles chrétiennes, qui réunit plus de trois cents élèves. L'école était payante, parce qu'on était convaincu que les leçons que l'on paye sont celles auxquelles les parents attachent le plus de prix. Cependant, pour que les pauvres ne fussent point exclus du bienfait de l'instruction, le curé ouvrit, non loin du pensionnat, sous le patronage d. S. Charles, une école gratuite pour les indigents, et à prix réduit, pour les familles à qui le produit de leur travail permettait de payer une légère rétribution. Cette école, dirigée par les Frères du B. de La Salle, comme le pensionnat, réunit bientôt plus de deux cents élèves.

La municipalité, entraînée par cet esprit de vertige qu'on appelle laïcisation, et qui est le fléau des communes, avait enlevé aux Sœurs de S. Vincent de Paul l'école des filles pour la livrer aux institutrices laïques. Le pasteur ne voulut pas délaisser cette portion si intéressante de son troupeau. Il fit encore appel au dévouement du Comité des Écoles, et grâce à un emprunt fourni par la Banque populaire du Cercle catholique, qui intervient partout où il y a du bien à faire, grâce aussi à quelques offrandes généreuses, on éleva ce bel établissement qui reçoit plus de trois cents jeunes filles qui ont part aux bienfaits d'une éducation chrétienne.

Là encore, l'école est payante, sauf quelques exceptions en faveur des indigents. Mais la modicité de la rétribution exigée la met à la portée de toutes les bourses. La ville est ainsi dotée d'un superbe local qui répond admirablement à sa destination.

Ce n'est pas le seul. Le pensionnat des Sœurs de la Sainte-Famille, les nombreuses pensions dirigées par des maîtresses chrétiennes apportent dans l'éducation des jeunes filles le même esprit que les écoles congréganistes, et toutes ces institutions se donnent la main pour répandre autour d'elles l'instruction religieuse et conserver la jeune fille docile aux enseignements de l'Église.

Nous allons voir maintenant l'abbé Charles Azaïs à l'œuvre, au sein de sa nouvelle paroisse, se livrant sans relâche, pendant vingt ans, à toute l'ardeur de son zèle. Nous avons un guide qui dirigera notre plume dans le récit de ses travaux. C'est un mémorial écrit par lui qui nous initiera jour par jour à la connaissance de tous les actes de son administration. Ce mémorial porte en tête ces deux mots latins qui lui servent de titre : *Acta* et *Agenda*. D'un côté, c'est le tableau de tout ce qu'il a fait, des fêtes qu'il a célébrées dans son église, des cérémonies qu'il a présidées, de toutes les œuvres de son administration paroissiale : *Acta*. En regard, sur la page opposée, il consigne ce qui aurait dû être fait. *Agenda :* c'est-à-dire les choses défectueuses qu'il faut corriger, les omissions qu'il faut réparer, les imperfections et les abus auxquels il faut remédier. L'année suivante, à pareil jour, il consultait son *Agenda*, et il évitait ainsi les défauts et les négligences qu'il avait signalés.

Ce fut à Capestang, le jour de Noël 1868, qu'il écrivit la première page de ce coutumier. « Je commence, dit-il, ce cahier à la fête de Noël, non dans une pensée d'ostentation, pour étaler les œuvres que j'accomplis et en recueillir des louanges, mais dans le dessein de mettre à profit les inspirations que Dieu peut marquer au prêtre qui a charge d'âmes, ainsi que les exemples et les conseils des confrères, avec les leçons que donne l'expérience de chaque jour.

« Offert en hommage à Jésus-Enfant, dans la crèche, et placé sous le patronage de Marie Immaculée et du glorieux saint Joseph. »

Grâce à cet indicateur, qui présente un résumé de tout ce qui s'est fait au sein de la paroisse, dans le courant de l'année, nous pouvons suivre jour par jour et presque pas à pas le curé de Saint-Joseph dans les diverses fonctions de son ministère, depuis l'église jusqu'au presbytère.

Il vient d'arriver à Cette, et il est encore sous l'impression des sentiments qui l'ont si vivement ému, le jour de son installation, et la première page de son mémorial est consacrée à la fête de l'Assomption, qu'il a célébrée avec une grande solennité. La veille, les quatre prêtres de la paroisse ont confessé chacun pendant huit heures. Aussi, le lendemain, à toutes les messes, les communions ont été très nombreuses; le soir, il assiste, avec tout le clergé de la ville, à la bénédiction solennelle de la statue monumentale de la sainte Vierge, placée sur la tour de l'église de Saint-Louis, sous le vocable si bien choisi de Notre-Dame-des-Mers.

Voici la fête du saint Rosaire, qu'il célèbrera tous les ans avec une grande pompe. Il monte en chaire pour la récitation des mystères du Rosaire. Les vicaires , en habit de chœur, lui répondent. Cet exercice attire un nombreux concours de fidèles. Le plus profond recueillement règne dans l'assemblée, et toutes les lèvres saluent , dans une commune louange, Marie pleine de grâce.

Il y a , dans ce mémorial, une page bien édifiante pour la neuvaine de sainte Thérèse. C'est l'Espagne, que ses vaisseaux mettent en fréquent rapport avec le port de Cette, qui a communiqué la dévotion de la célèbre sainte d'Avila à cette ville. Le nouveau curé l'adopte avec une vive piété. Chaque matin, il monte en chaire, et fait la méditation sur une des vertus de la sainte. A l'exercice du soir, les vicaires et les aumôniers de la ville se partagent fraternellement la tâche de rendre tour à tour hommage à la sainteté éminente de l'auguste réformatrice du Carmel.

L'*Agenda* de l'abbé Charles Azaïs signale encore les communions nombreuses de la fête de la Toussaint, qui réjouirent le cœur du pasteur, et les foules considérables qui, le jour de la Commémoraison des Morts, allèrent au cimetière déposer sur les tombes de leurs parents des couronnes, avec leurs prières. Il s'associa avec empressement à ce culte des trépassés; il visita avec ses vicaires ce lieu de repos où dorment ceux qui ont quitté cette vie, et après avoir prié pour tous les défunts, pour les religieux et pour les prêtres décédés, il alla s'agenouiller sur la tombe de son prédécesseur et récita avec émotion le *De Profundis* pour le repos de son âme.

Le 4 octobre, jour de la saint Charles, ce fut la fête du pasteur, et l'abbé Charles Azaïs ne put se soustraire aux félicitations qui lui vinrent de tous côtés. Chaque école apporta son bouquet et récita son compliment, et toutes reçurent des images, les remerciements et les conseils du pasteur.

C'est ainsi que le curé de Saint-Joseph note jour par jour, sur son *Agenda*, les débuts de son ministère dans sa nouvelle paroisse. Ce ne sont que quelques lignes brèves et simples. Mais on y sent l'âme du bon pasteur qui ne pense qu'à son troupeau.

CHAPITRE IV

CULTE DE SAINT JOSEPH. — LES CATÉCHISMES

—

La paroisse qui venait de lui être confiée était placée sous le patronage de saint Joseph. C'était aussi le nom d'un de ses patrons: double motif qui le portait à honorer d'un culte spécial ce saint patriarche. Aussi, le but spécial qu'il se propose, c'est de développer dans sa paroisse le culte de saint Joseph, d'introduire sa dévotion dans chaque foyer et d'en faire la sauvegarde de chaque famille. Les deux fêtes de S. Joseph, celle du 19 mars et celle du jour de son patronage, furent célébrées d'une manière très solennelle, et du haut de la chaire, le curé multipliait ses exhortations pour engager les fidèles à honorer dignement leur glorieux patron.

Ce fut pour le bien spirituel de sa paroisse et aussi pour répondre au désir de son cœur qu'il établit, dans sa paroisse, l'Archiconfrérie de Saint-Joseph. Le premier mercredi de chaque mois, à sept heures du matin, la cloche convoquait les membres de cette pieuse Association, c'est-à-dire une partie notable de la paroisse, à venir assister à la messe de l'Archiconfrérie. La statue de saint Joseph, tenant l'Enfant divin dans ses bras, était placée dans le sanctuaire et attirait pieusement les regards. Le chœur des congréganistes chantait les louanges de saint Joseph et des communions nombreuses complétaient d'une manière touchante ces hommages publics rendus au « noble époux de Marie. »

Le soir, la belle hymne que l'Église adresse à saint Joseph retentissait sous les voûtes, chantée par tous les fidèles. Ensuite, le prêtre, prenant la parole, engageait l'assistance à redoubler de confiance en saint Joseph. Après l'instruction, il faisait connaître les nombreuses demandes adressées au Seigneur par l'intercession du saint. Il recommandait d'abord aux prières des Associés l'Église, le souverain Pontife et la France; ensuite, la reconstruction de l'église paroissiale et l'Œuvre des Écoles. Venaient enfin les diverses demandes faites par des familles chrétiennes. C'étaient des malades qui étaient recommandés à saint Joseph, des pécheurs endurcis dont on sollicitait la conversion, des moribonds pour lesquels on demandait une dernière prière. Tout ce qui souffrait, tout ce qui était dans l'affliction, tout ce qui redoutait un malheur se tournait vers saint Joseph et implorait son assistance. La lecture de ces recommandations produisait toujours sur l'auditoire une impression profonde, et des prières ferventes s'échappaient de toutes les lèvres. Chaque dimanche, on chantait une invocation au Père nourricier du Sauveur, avant la bénédiction du Saint-Sacrement.

C'est ainsi qu'était honoré le saint patron de la paroisse. Après la sainte Vierge, c'est le nom qui revenait le plus souvent sur les lèvres du pasteur et qu'il recommandait avec le plus d'instance à la piété des fidèles.

Ne soyons pas surpris que le culte de ce grand saint soit devenu si populaire dans la ville de Cette. Le curé de la paroisse, en le propageant, n'a fait que continuer une tradition déjà ancienne.

L'église actuelle de Saint-Joseph a pris la place d'une autre église, placée sous le même vocable, qui existait au siècle dernier. Elle était connue sous le nom de *Saint-Joseph-des-Métairies*. Celle-ci avait remplacé un autre sanctuaire qui devait remonter à une haute antiquité. Un vieux document rapporte qu'au XIIIe siècle, les Bénédictins du monastère d'Aniane avaient fait construire une chapelle sur cette plage. Le document qui relate cette fondation n'indique pas, il est vrai, si cette chapelle était dédiée à saint Joseph. Mais puisque au XVIIIe, elle portait le nom de ce saint, ne peut-on pas conclure que ce vocable remonte à la première fondation faite par les Bénédictins?

Le culte de saint Joseph dans Cette ne date pas d'hier. Il compte plusieurs siècles d'existence. Il serait de beaucoup antérieur à la création de la ville, et le berceau de la cité aurait été placé sous la double garde de saint Joseph et de saint Louis. Bien avant que sainte Thérèse eut ravivé et popularisé en Espagne le culte de ce saint, il avait un sanctuaire sur la plage de Cette, et il s'était honoré.

On comprend qu'avec des souvenirs si précieux, le curé de la paroisse de Saint-Joseph se montrât si dévoué pour son culte, et que cette pieuse invocation : Saint Joseph, priez pour nous, s'échappât si souvent de son cœur et terminât chacune de ses prières.

Un des premiers objets de sa sollicitude pastorale ce fut le soin de l'enfance. Il avait fondé pour elle des écoles chrétiennes, qu'il visitait chaque mois. Il se faisait rendre compte de la conduite et du travail des élèves, assistait à la lecture des notes et distribuait des récompenses.

L'Œuvre des Catéchismes fut toujours à ses yeux une des plus importantes de son ministère. Il y avait, dans cette vaste paroisse, près de trois cents enfants à préparer pour la première communion. Les cinq prêtres attachés au service de la paroisse pouvaient à peine suffire à cette tâche. Le curé donnait lui-même l'exemple. Il avait, pour sa part, les filles des écoles laïques, partagées en deux divisions, qu'il réunissait deux fois par semaine. Les filles des écoles de la Miséricorde avaient aussi léur catéchiste spécial. Les catéchismes des garçons et des petits enfants étaient confiés aux vicaires. Tous les prêtres de la paroisse apportaient ainsi leur concours à cette œuvre : l'instruction religieuse de l'enfance.

Pour exciter l'émulation des enfants et stimuler la vigilance des parents, le quatrième dimanche de chaque mois, on réunissait, à cinq heures et demie, à l'église, les garçons et les filles du catéchisme. Les parents étaient invités à assister à cette réunion. Après le chant d'un cantique, un prêtre paraissait en chaire et interrogeait quelques enfants sur la leçon du catéchisme, qu'il expliquait ensuite d'une manière claire et précise.

Après l'explication du catéchisme, venait la récitation de l'Évangile. Cette leçon était facultative. Il n'y avait que l'élite des enfants du catéchisme qui fut interrogés. Enfin, le curé, qui présidait cette réunion, montait, à son tour, en chaire, et, après le chant d'un nouveau cantique, donnait lecture à l'assemblée des notes que les enfants du catéchisme avaient obtenues pendant le mois. Il y avait dans la bouche du pasteur des éloges pour les plus studieux et des reproches pour ceux qui ne s'étaient signalés que par leur paresse, leurs absences et leur dissipation. Cette parole du prêtre, tombant de la chaire, arrivait jusqu'au cœur des parents et y faisait naître la résolution de veiller avec plus de soin sur leurs enfants et de mieux seconder les désirs du pasteur. Chaque dimanche, ils étaient convoqués à la messe de huit heures, qui était spécialement dite pour eux. Un vicaire surveillait cette réunion, notait les absences et faisait suivre à chacun, sur son livre, les prières du Saint-Sacrifice.

Les enfants étaient ainsi préparés à la première communion. C'était le jeudi de la Fête-Dieu qui était choisi pour cet acte important. La retraite s'ouvrait le dimanche soir, à l'issue des vêpres, par une première instruction du curé.

qui indiquait les heures des exercices pour chaque jour et insistait sur les dispositions qu'il fallait apporter à cette retraite. Le curé et les vicaires se partageaient les sujets qu'ils devaient traiter dans leurs prédications, pendant ces huit jours. Quelquefois, c'était un prêtre étranger, un ami du curé qui venait prêcher cette retraite, et ceux qui ont fait, il y a quelques années, leur première communion, n'ont pas oublié ce prêtre éminent, à la voix sympathique, à la piété tendre et communicative, qui les captivait par le charme de sa parole, M. le chanoine Lamothe-Tenet, aujourd'hui recteur de l'Institut catholique de Toulouse.

Quand le grand jour était arrivé, on voyait les enfants, en robes blanches, d'une main tenant un cierge, symbole de leur ferveur, de l'autre, portant leur livre de prières, s'avancer, profondément recueillis, à travers les rues et s'acheminer lentement, sous les yeux de leurs parents émus, vers l'église. C'était un spectacle touchant qui saisissait tous ceux qui en étaient témoins, et toute la paroisse semblait en fête, comme le cœur des enfants. C'était surtout une fête émouvante pour le cœur du pasteur. Une sainte joie débordait de son âme attendrie, et il oubliait toutes les fatigues des jours précédents, en contemplant à la table sainte ces groupes de jeunes communiants, tout radieux d'innocence et de ferveur. Le lendemain, quand ces enfants joyeux, conduits, les uns par les Frères des Écoles chrétiennes, les autres, par leurs maîtresses, venaient le remercier des soins qu'il leur avait donnés, c'était lui qui s'empressait de leur témoigner toute sa gratitude pour les douces consolations que leur piété avait fait goûter à son âme. Il leur adressait ensuite, en leur remettant un souvenir de ce beau jour, les recommandations les plus touchantes, dans lesquelles on sentait toute la tendresse d'un père.

Pour assurer la persévérance des jeunes garçons et les préserver de la funeste influence des mauvais conseils et des exemples pervers, il aurait voulu avoir une Œuvre de la Jeunesse. Il les aurait recueillis dans cet asile tutélaire comme dans un port tranquille, à l'abri des orages, et il les aurait ainsi préservés de cette contagion du siècle qui pervertit tant d'enfants après leur première communion. Il voyait cette Œuvre prospérer à Saint-Louis, par les soins dévoués du curé de cette paroisse, et son plus vif désir était que l'avenir lui permît de procurer aux enfants de Saint-Joseph le bienfait d'une semblable fondation. Il avait, pour les jeunes filles, la petite et la grande Congrégation, sous la direction des Sœurs de St-Vincent de Paul, qui savaient si bien leur inspirer la fuite des amusements profanes du monde et les conserver fidèles aux promesses de leur première communion.

CHAPITRE V

PRÉDICATIONS

Les temps de l'Avent et du Carême étaient considérés par le curé de Saint-Joseph comme les deux saisons où le pasteur de la paroisse fait la moisson des âmes dans le champ du père de famille. Pour que la moisson fut plus abondante, il avait soin de la recommander aux prières des personnes pieuses, et il les invitait à concourir, par leurs supplications, à préparer les voies aux hommes de Dieu appelés à évangéliser la paroisse. Les prédications étaient ordinairement confiées à des religieux appartenant aux principaux ordres monastiques qui existent en France, et la chaire de Saint-Joseph a été successivement occupée par des prédicateurs de l'Institut des Jésuites, des Dominicains, des Capucins, des Carmes et des Maristes.

L'Avent était surtout destiné à la partie religieuse de la paroisse et avait pour objet de soutenir la piété des âmes ferventes et de ranimer les tièdes plutôt que de ramener les pécheurs. Ce n'était pas, comme au Carême, l'époque des conversions, les jours de grâce et de salut « où la parole sainte retentit dans toute la force de son tonnerre. » C'est un temps de recueillement et de paix où Dieu attire à lui, d'une manière plus intime, les âmes qui lui sont demeurées fidèles, et leur communique une plus grande ardeur pour le bien. C'est l'époque favorable pour les retraites. Aussi, l'Avent était-il surtout consacré à prêcher des retraites pour tous les âges et les diverses conditions de la paroisse. Il y avait la retraite pour les élèves du pensionnat dirigé par les Frères, et les enfants, faisant trêve à la légèreté de leur âge, en suivaient avec recueillement les divers exercices. Venait ensuite la retraite aux jeunes filles de la petite et de la grande Congrégation, et la parole sainte tombait comme la rosée du ciel sur ces âmes pures que le souffle du mal n'avait pu atteindre. Il y avait encore la retraite des Mères chrétiennes, à qui l'on rappelait ces vertus domestiques qui font la femme forte et qui sont l'honneur du foyer. Les Dames du Vestiaire, qui se vouent aux œuvres de miséricorde, qui, de leurs mains industrieuses, confectionnent des vêtements pour les pauvres et soulagent les malheureux, n'étaient pas oubliées, et le prédicateur venait leur rappeler que l'aumône est sœur de la prière, que donner au pauvre c'est donner à Dieu lui-même, que ce n'est pas assez de donner à l'indigent le secours matériel qui s'adresse au corps, qu'il faut y joindre l'aumône spirituelle, celle des bons conseils et des paroles affectueuses, qui arrive jusqu'à l'âme et y porte le baume de la consolation.

Ces diverses retraites, qui s'adressaient à tous les âges, à toutes les positions, faisaient pénétrer dans les familles une plus large communication de l'esprit chrétien, atteignaient parfois les hommes eux-mêmes et devenaient une admirable préparation à la fête de Noël. Les prédications qui avaient lieu le dimanche, à vêpres, pour tout le monde, rappelaient à tous le touchant mystère de Bethléem et les invitait à faire dans leur cœur, par la pratique de l'humilité et de la pureté, comme une crèche mystérieuse où le Sauveur se plaisait à prendre une nouvelle naissance.

Aussi quelle douce et sainte joie pour l'âme du pasteur lorsqu'à la messe de minuit, sa main se fatiguait, comme celle du prêtre qui l'assistait, à distribuer l'Eucharistie aux rangs pressés des fidèles qui assiégeaient la Sainte-Table !

C'était pour lui, dans cette heure bénie, comme une vision de la crèche de Bethléem, et tout son être se répandait en sentiments d'adoration, d'amour et d'actions de grâces

La station du Carême était pour toute la paroisse et avait pour objet de la préparer à l'accomplissement du devoir pascal. Il y avait vers la fin de la Quarantaine une retraite exclusivement réservée aux hommes. Tous les soirs, à huit heures, pendant une semaine entière, le prédicatenr, après le chant d'un cantique populaire approprié au sujet qui était traité, abordait les grandes vérités de la religion, et cherchait à renverser les obstacles qui éloignaient ses auditeurs des pratiques chrétiennes. De nombreux retours, étaient parmi les hommes, le fruit de cette retraite et réjouissaient le cœur du pasteur. Au jour de Pâques, il y avait une messe exclusivement réservée à la communion des hommes. Le *Credo* était chanté à l'unisson par ces voix mâles, et l'on ne pouvait se défendre d'une douce émotion en voyant à côté des jeunes gens et des hommes appartenant à l'âge mûr, des vieillards à cheveux blancs, ouvriers de la onzième heure, longtemps endormis dans l'indifférence, qui avaient enfin répondu à l'appel du père de famille, et qui allaient à la Table-

Sainte recevoir le Dieu qui avait réjoui leur jeunesse, et qui venait bénir les dernières années de leur existence. Cette communion générale produisit, une impression profonde, et ceux qui avaient résisté jusqu'alors à l'action de la grâce laissaient échapper le regret d'avoir manqué de courage et de ne pas prendre part à ce banquet sacré.

Les femmes avaient aussi leur retraite comme leurs époux et leurs frères, et la parole du prédicateur, en entrant dans le détail de leur vie, en les pénétrant de leurs devoirs, en faisait comme autant d'apôtres de la famille.

Quelques-uns de ces prédicateurs du Carême ont été de vrais apôtres pour la paroisse.

Qui ne se souvient encore du Carême du père Joseph, ancien aumônier militaire, qui se dévoua généreusement au soulagement de nos soldats retenus prisonniers dans les forteresses de la Prusse et qui créa l'œuvre des tombes pour ceux qui moururent sur la terre d'exil ? Il avait un cœur d'apôtre et il se dépensait sans mesure pour évangéliser le nombreux auditoire qui se pressait au pied de la chaire. Il avait dans ses sermons, des traits frappants, des mouvements pathétiques qui entraînaient tous les cœurs. Il fut l'ami dévoué du curé, et il ne passait jamais à Cette sans reparaître en chaire et sans adresser quelques paroles sympathiques à ce peuple qui lui est resté fidèle. Le cercle catholique des ouvriers a eu plusieurs fois la bonne fortune de l'entendre dans sa chapelle, tantôt nous traçant une peinture attachante de l'esprit de foi qui anime les ouvriers du cercle catholique de Genève qui avait souvent sa visite, tantôt plaidant la cause des nombreux orphelins qu'il a disputés à l'hérésie et qu'il a recueillis à l'Ouvaine. Il a eté souvent l'hôte bien-aimé du presbytère de Saint-Joseph de Cette, et le curé l'a tonjours accueilli avec cordialité comme l'apôtre de sa paroisse.

Un autre nom qui n'est pas moins cher à la paroisse Saint-Joseph est celui du père Balmon, de la Congrégation des Maristes. Il a prêché avec un dévouement infatigable, à quelques années d'intervalle, deux stations de Carême à Cette, et sa parole vraiment apostolique a toujours produit d'abondants fruits de conversion. Les hommes surtout aimaient à entendre cette voix forte et énergique qui remuait les âmes les plus indifférentes et qui secouait de leur profond sommeil les plus indifférents.

J'ai déjà cité le nom de Mgr Lamothe-Tenet

qui venait souvent ajouter l'éclat de son éloquence aux fêtes de la paroisse. C'était un des orateurs préférés de cette église. On savait qu'il était l'ami du curé de Saint-Joseph, et ce titre autant que son talent donnait plus de vivacité à la sympathie et à l'admiration de ses auditeurs.

Une des prédications qui a laissé l'impression la plus profonde dans la paroisse Saint-Joseph a été la mission donnée pendant l'Avent de 1886, par les missionnaires venus de la résidence de Notre-Dame-de-l'Osier. Ils étaient au nombre de quatre, et ils avaient à leur tête un homme vraiment éloquent, le R. P. Lavillardière, supérieur de la maison. Six autres missionnaires, trois à Saint-Louis et trois à Saint-Pierre, évangélisèrent ces deux paroisses. Cette mission réalisait un des vœux les plus ardents du curé de Saint-Joseph qui ne cessait de demander au Seigneur, par l'intercession du saint patron de son église, des hommes de zèle et de dévouement, des apôtres pour renouveler son peuple.

Le ciel écouta sa prière. Le Supérieur de la mission était un orateur remarquable, à l'accent apostolique, doué d'un merveilleux organe, tantôt simple et insinuant, tantôt pathétique et entraînant, tenant ses auditeurs suspendus à ses lèvres. Il y eut un grand ébranlement dans la paroisse. Les foules se pressaient en masses compactes dans la nef et dans les tribunes. Des cérémonies imposantes saisissaient les regards, frappaient les esprits, venaient en aide à la parole et achevaient de subjuguer l'auditoire et de le rendre docile à la vérité.

Que faisait le curé pendant que les prédicateurs évangélisaient sa paroisse ? Il priait ; il demandait à Dieu par des supplications incessantes de bénir le ministère des ouvriers évangéliques ; il prenait la parole le matin à la messe pour adresser un plus pressant appel à son peuple ; il passait surtout de longues heures au Tribunal de la pénitence, et la plupart de ceux que les prédicateurs du Carême ramenaient à Dieu s'adressaient au curé pour qu'il devint leur guide et le conseiller de leur âme.

Aussi le confessionnal était-il, surtout pendant le Carême et à l'approche des grandes fêtes, une des occupations les plus absorbantes de son ministère. Il y passait quelquefois des journées entières, et bien souvent, à dix heures de la nuit, il était encore là, entendant les confessions, et ne rentrant au presbytère qu'à une heure avancée pour prendre rapidement une légère réfection et réciter ensuite son bréviaire qui était, avec le Rosaire, le délassement de son âme. Il avait ainsi bien rempli sa journée.

CHAPITRE VI

LES ŒUVRES PAROISSIALES. — LA DÉVOTION DES DIMANCHES

De ces grandes stations qui ravivaient la foi dans les âmes étaient sorties, comme autant de fruits bénis, des dévotions particulières qui développaient l'esprit chrétien dans la paroisse. Ce furent d'abord les œuvres de piété qui faisaient circuler la sève catholique dans les familles. Une des plus florissantes était celle de la Propagation de la Foi. Grâce au zèle d'un vicaire qui a laissé de précieux souvenirs dans la paroisse Saint-Joseph , elle comptait un très grand nombre d'associés , et les cotisations atteignaient un chiffre beaucoup plus élevé que dans les autres paroisses du diocèse. Ce chiffre s'éleva en 1880 à 2,900 francs et il atteste les sentiments généreux des paroissiens.

La Sainte-Enfance donnait la main à la Propagation de la Foi. Elle recueillait les offrandes des enfants des écoles et les initiait, dès leur jeune âge, aux œuvres de charité. Ceux-ci s'empressaient de répondre à l'appel de leurs prêtres, et ils apprenaient avec joie que leur petit sou traversait les mers et allait, dans des régions lointaines, racheter et baptiser les enfants des familles païennes. Pourquoi faut-il que de nos jours la Franc-maçonnerie, connue sous le nom de ligue de l'enseignement, ait substitué à cette aumône chrétienne de l'enfance le *sou des écoles ?* Ce n'est plus le sou de la charité ; c'est le sou laïque destiné à soustraire l'enfance à l'enseignement religieux.

L'œuvre qui est sous le patronage de Saint-François-de-Sales, a sa place marquée dans la paroisse Saint-Joseph, parmi ces institutions inspirées par la foi, et les offrandes des associés ont atteint, en 1880, le chiffre de 420 francs.

Mentionnons encore le Denier de Saint-Pierre, les Bibliothèques paroissiales, les Écoles d'Orient, la quête des Saints-Lieux, celle de l'Université catholique de Lyon et du Petit-Séminaire.

Toutes ces associations, loin de se nuire, se prêtent un mutuel appui : ce sont comme les branches du même tronc, et ce tronc, c'est celui de la charité.

L'œuvre des Conférences de Saint-Vincent-de-Paul lui était particulièrement chère. C'étaient des apôtres de la charité qui secondaient admirablement le ministère du prêtre auprès des pauvres. Il fut heureux d'y conduire un de ses amis, Mgr de Saint-Palais, afin que sa visite et sa parole fussent un puissant encouragement pour cette œuvre.

Mais c'était le cercle catholique qui était l'objet de ses sympathies les plus vives. Il connaissait le dévouement de son directeur et il le soutenait. Il se faisait un plaisir d'aller assister le soir aux réunions, aux conférences qui avaient lieu.

Il trouvait là les plus fervents chrétiens de sa paroisse. J'aime à citer le bon vieux Guibaup aussi assidu aux offices de l'église qu'à sa barraquette. Il fallait de temps en temps aller lui rendre visite dans sa petite demeure. Les murs étaient tapissés de gravures religieuses qui attestaient ses sentiments pieux plutôt que ses goûts en fait d'art. Il était tout fier de faire les honneurs du point de vue dont on jouissait du haut de sa terrasse. Le bon homme y remontait chaque jour d'un pied encore alerte. Mais un jour il monta plus haut.

C'était un parfait chrétien, un peu atteint d'originalité, ce brave Lanet si connu dans Cette. Il avait dans sa poche une sonnette qui ne le quittait jamais, et quand il voyait, n'importe dans quelle paroisse, passer un prêtre allant porter le bon Dieu à un malade, il se hâtait de sortir la sonnette de sa poche, et de l'agiter en accompagnant le prêtre et en priant avec lui.

Pendant les tristes jours de l'invasion allemande, il ne put contenir les élans de son patriotisme, et il partit seul, sans guide, sans appui, pour aller trouver l'empereur Guillaume, et le conjurer de mettre un terme aux horreurs de cette guerre cruelle. Le monarque l'écouta avec bienveillance et il se rappela sans doute le langage ferme que le meunier du Sans-Souci avait tenu à un de ses aïeux.

Poursuivant son voyage patriotique, Lanet, l'ardent royaliste, alla jusqu'à Frosdorff, saluer l'héritier de nos rois et lui offrit en hommage un tonnelet de vin qu'il avait lui-même confectionné. Il était rempli du meilleur vin de Cette.

Ce n'était pas assez pour son cœur. Il alla à Rome déposer un second tonnelet aux pieds du Saint Père, avec l'hommage de sa foi. Devant cet acte de piété courageuse, on aime à se rappeler ce vigneron, compatriote de saint Pie V, qui arriva un jour du fond de l'Italie aux portes du Vatican, demandant à voir son illustre compatriote et à lui faire goûter le vin de la vigne qu'il avait plantée.

A côté de ces œuvres, il en est d'autres qui viennent de la même source et qui contribuent au bien de la paroisse. A part l'Association des Dames de la Miséricorde et des Mères chrétiennes, il y a celle des Domestiques, qui sont les plus utiles auxiliaires de l'œuvre de la Propagation de la foi, en y enrôlant les familles au service desquelles elles sont attachées. C'est encore le Tiers-Ordre de Saint-François, qui compte un si grand nombre de membres dans les trois paroisses de la ville, rivalisant entre eux de ferveur et répandant autour d'eux la bonne odeur de Jésus-Christ. Le curé en faisait partie et en observait fidèlement la règle.

Toutes ces confréries sont comme un ferment religieux qui fait germer partout l'esprit chrétien. Elles ne se trouvent pas seulement dans la paroisse Saint-Joseph, elles existent dans toutes les autres paroisses de la ville ; elles y sont florissantes et on peut les considérer comme autant de digues qui s'opposent à la marche envahissante de la Franc-maçonnerie. L'impulsion que leur communiquait l'ancien curé de Saint-Joseph, son successeur l'a continuée avec le même zèle et le même succès, et sous sa direction active Saint-Joseph resta toujours une paroisse chrétienne.

Mentionnons d'autres œuvres qui constituent comme la vie intime de la paroisse.

C'est d'abord la dévotion des dimanches qui consiste à donner, à chaque dimanche du mois, une destination spéciale. C'est l'abbé Charles Azaïs qui, pour satisfaire les pieuses inclinations de son cœur, avait établi cette dévotion dans son église.

Le premier dimanche est consacré à honorer le Saint-Sacrement. La divine Eucharistie est exposée sur l'autel. Le soir, aux vêpres, on la porte en procession sous le dais autour de l'église. Un groupe nombreux d'hommes l'accompagne, un cierge à la main, en chantant des hymnes et cette cérémonie se termine par la bénédiction du Saint-Sacrement. Dans la semaine, cette adoration de la divine Eucharistie continue sous une forme plus simple.

Quelques hommes pieux se succèdent d'heure en heure, deux par deux, depuis dix heures du matin jusqu'à cinq heures du soir, devant l'autel et font une garde d'honneur au Sauveur devant son tabernacle.

La bannière du cœur de Jésus est déployée [illegible]s le sanctuaire, à côté de l'autel. L'invoca[illegible]n au Sacré-Cœur est chantée trois fois, et elle [illegible] suivie d'une amende honorable faite au nom [illegible] la paroisse.

Le troisième dimanche est consacré, après les vêpres, au Saint-Rosaire. Les mystères qui le composent sont chantés par les fidèles. Ce chant qui exprime tour à tour les mystères joyeux, les mystères douloureux et les mystères glorieux, a quelque chose de pénétrant qui saisit tous les cœurs et chaque strophe laisse dans l'âme une impression de joie, de tristesse et d'amour. Quand on entend retentir dans l'enceinte comme un long gémissement cette note plaintive :

> Laissez-moi pleurer en silence
> En voyant un Jésus souffrir :
> Oui, mon Dieu, j'ai soif de souffrance.
> Ah ! pour vous laissez-moi mourir !

l'angoisse s'empare de tous les cœurs, et les larmes viennent mouiller les yeux.

Le curé de Saint-Joseph aimait singulièrement ce chant pieux : chaque dimanche du mois d'octobre devenu le mois du Saint-Rosaire, et à chaque fête de la Sainte-Vierge, les mystères chantés étaient la plus douce joie de son âme.

Les jours de la semaine avaient aussi leurs dévotions. Le lundi soir avaient lieu, en réunion, les prières de l'Archiconfrérie de Notre-Dame-du-Suffrage consacrée à prier pour les âmes du Purgatoire. Le mercredi rappelait le souvenir de Saint-Joseph, le patron de la paroisse, objet des plus ardents hommages du pasteur et de ses ouailles. Le jeudi était le jour du Saint-Sacrement exposé sur l'autel à l'adoration des fidèles, et le chant des complies était suivi du Salut. Le vendredi était consacré à la dévotion du Sacré-Cœur, de ce cœur si bon qui a tant aimé les hommes et qui n'a recueilli que l'ingratitude. Comme pour les autres jours, cet exercice était terminé par la bénédiction du Saint-Sacrement et par les prières du soir.

Le curé présidait toutes ces réunions, donnant tous l'exemple de l'assiduité et de la ferveur, et tenant à s'associer aux prières publiques de ses paroissiens.

Les fidèles avaient ainsi un aliment permanent pour leur piété dans ces exercices qui les convoquaient si souvent à l'église : ils venaient y chercher des bénédictions pour leurs demeures, et chaque famille représentée par quelqu'un de ses membres, recevait une part des grâces que Dieu se plaisait à répandre sur le groupe des fidèles qui venaient l'adorer.

On comprend que toutes ces pratiques pieuses, passées à l'état de coutume dans une paroisse, contribuent puissamment à développer le sentiment religieux et à perpétuer les traditions de foi dans les familles. C'étaient comme autant de canaux mystérieux qui répandaient la vie chrétienne sur tous les points de la paroisse.

Après avoir fait connaître les diverses œuvres paroissiales établies ou développées par le curé de Saint-Joseph, pénétrons maintenant dans sa vie intime, montrons qu'elle en était l'âme et la règle.

Je trouve dans les papiers où il consignait ses souvenirs et ses résolutions de retraite, des maximes qu'il avait coutume de se dire à lui-même pour s'exciter à la piété et à la pratique des devoirs du saint ministère : « Obéissons à Dieu, disait-il dans un de ses cahiers de résolutions, il est notre maître ; craignons Dieu, il est notre juge ; aimons Dieu, il est notre père. » Ces trois sentiments étaient le mobile de sa vie et il cherchait à les communiquer aux autres. « S'inquiéter, ajoutait-il, c'est oublier que Dieu a soin de nous. Dieu est le père de miséricorde et le Dieu de toute consolation. Il sépare quelquefois ces deux choses : la consolation se retire, mais la miséricorde reste toujours. »

Quand il voulait s'encourager à souffrir quelque chose pour Dieu, il se disait : « Jésus-Christ est un Dieu crucifié et crucifiant : il a été crucifié par ses ennemis et il crucifie ses amis. » « L'amour-propre, disait-il encore, se nourrit de consolations et de choses sensibles. L'amour parfait se nourrit de croix et de sacrifices. »

Voyons-le maintenant à l'œuvre, et considérons comment il mettait en pratique ces maximes qu'il avait au fond de son cœur.

Il s'attacha d'abord à combattre la nature par la mortification, et il se proposa de ne lui jamais rien accorder de ce qui ne lui serait pas nécessaire soit pour la nourriture, soit pour le sommeil. Il se levait à quatre heures et demie, et sa première pensée, son premier sentiment, sa première parole étaient pour Dieu; il prononçait les noms bénis de Jésus, de Marie et de Joseph, et ceux qui occupaient une chambre voisine de la sienne l'entendaient réciter à haute voix, tout en s'habillant, quelques versets des psaumes, quelques prières jaculatoires qui étaient le premier hommage de son cœur à Dieu. Il faisait ensuite son oraison, dont il prenait le sujet tantôt dans Chevassu, tantôt dans le Père Avancin, le P. Chaignon et M. l'abbé Hamon. Il attachait la plus grande importance à ce saint exercice; car il savait que la journée serait tout entière à celui qui en aurait pris possession le premier, et c'est pour cela qu'il s'empressait d'en donner les prémices à Dieu, par la prière et la méditation. Il la faisait à genoux, sur son prie-Dieu, dans le plus profond recueillement, et ce prie-Dieu, qu'un de ses anciens vicaires a voulu conserver comme un souvenir, et sur lequel il continue les prières de son bon curé, a été, pendant bien des années, le témoin et comme le confident de ses ferventes oraisons de chaque jour.

Ses prières terminées, l'abbé Charles ouvrait la sainte Bible, qu'il lisait dans Corneille de la Pierre, et il en étudiait quelques chapitres pendant une heure. Le Nouveau-Testament et surtout les épîtres de saint Paul avaient un attrait particulier pour lui. Pendant les premières années de son ministère, il prenait des notes dans les commentaires, et il a laissé plusieurs cahiers, où se trouve le fruit de ses études. Il s'était imposé la loi d'apprendre chaque jour cinq versets d'une des épîtres de saint Paul.

CHAPITRE VII

DÉLASSEMENTS. — VISITE DES MALADES.

Le dîner avait lieu à midi. Il était toujours précédé de la lecture de quelques versets de l'Ancien-Testament, et terminé par le martyrologe Le soir, on lisait le Nouveau-Testament et quelques versets de l'Imitation de Jésus-Christ. Après chaque repas, comme le presbytère était contigu à l'église, on passait de la salle à manger à la tribune, et on faisait une courte adoration devant le Très-Saint-Sacrement. Comme on le voit, c'était, autant que possible, la continuation de la vie du Séminaire, le même esprit et la même règle. L'abbé Charles était très mortifié dans ses repas : il ne touchait qu'une seule fois à un plat, ne prenait que d'un dessert. Quand il acceptait du café, il n'y mettait jamais du sucre et il s'abstenait de toute liqueur.

Immédiatement après le dîner, il recevait les mères de famille qui venaient lui confier leur gêne et leur misère, et demander des secours pour leurs besoins et des consolations pour leurs peines. C'était pour lui une occasion de donner de bons conseils, de faire d'utiles remontrances, et de recommander surtout l'instruction religieuse des enfants. Il faisait ensuite, avec son frère , une courte promenade pour se réchauffer; car jamais, même avec les froids les plus rigoureux, il n'allumait du feu dans sa chambre.

Le lieu de prédilection qu'il aimait le plus à visiter était le jardin de M. Doumet, qui semblait une dépendance de la cure. Les villas voisines étaient gracieusement mises à notre disposition par leurs propriétaires : la villa de M. Lapeisonnie, avec ses terrasses et son belvédère , à côté, celle de M. Benezech, si remarquable par ses serres ; au-dessus de l'église Saint-Louis, la villa Dupuy , dont les allées ombragées, dominant la mer et les sentiers tracés au milieu de bouquets de chênes, offraient un coup d'œil qu'on ne se lasse pas d'admirer ; du côté opposé , en face de l'étang de Thau, celle de M. l'abbé Halle, cachée comme un nid de verdure dans un pli de la montagne, et tout auprès, celle de M. Vivarez, avec ses touffes de pins. Nous recevions partout un accueil tout-à-fait affectueux que je ne puis rappeler sans un vif sentiment de reconnaissance. Nous faisions en passant une halte dans chaque cimetière, et nous donnions un souvenir aux pauvres morts.

Au retour, le pasteur allait faire la visite des malades, et quand le temps le permettait, il y ajoutait celle des écoles.

On lui avait signalé, dans un quartier pauvre, une mère de famille indigente, que sa maladie condamnait à garder le lit. Elle avait avec elle un tout petit enfant qui était comme le gardien de la maison. Le mari, homme de peine , partait chaque matin pour aller gagner par le travail de quoi subvenir aux besoins du ménage. Le curé, informé de l'état nécessiteux de cette famille , s'empressa d'aller la visiter. Chaque semaine, il prenait le chemin de cette mansarde pour apporter à la grabataire quelques secours. Or, une personne charitable de la paroisse, connaissant l'état de la pauvre malade, alla la visiter, et quand elle fut sur le seuil de la maison, elle laissa échapper un cri de surprise. Elle vit son curé penché vers ce petit enfant , le caressant, lui adressant de douces paroles et lui faisant prendre quelques bouchées de pain trempées dans un peu de café. On comprend l'embarras du pasteur, surpris dans cet office de charité. Il se hâta de sortir de cette chambre, et la mère raconta à sa visiteuse que son enfant pleurait au moment de l'arrivée de M. le curé, parce qu'il n'avait pas encore pris son petit repas, et pour sécher ses larmes, le bon pasteur s'était constitué son père nourricier et avait voulu le servir de ses mains.

Les visites finies, le curé entrait à l'église, récitait son bréviaire, faisait son adoration, assistait à la prière faite en public et confessait ensuite jusqu'à l'heure du souper. Le repas fini, il ne sortait presque jamais et il employait sa soirée à réciter son Rosaire. La lecture de piété servait de couronnement à la journée.

Il était exact à faire, chaque année, sa retraite ecclésiastique. Il savait que c'était le moyen le plus efficace pour retremper le prêtre dans l'esprit sacerdotal. Il en suivait fidèlement tous les exercices. Il ne manquait pas de faire chaque jour le Chemin de la Croix. Il se réservait quotidiennement quelques moments pour cette pieuse pratique. Il se rendait compte de la manière dont il avait accompli ces divers devoirs, l'année précédente. Il consacrait quelques courts moments à l'étude des rubriques, et les notes qu'il laissait à chaque retraite portent l'empreinte des pensées qui l'occupaient. Il n'était pas moins exact à faire sa retraite mensuelle.

Je lis dans son cahier de notes mensuelles :

« En présence de Notre-Seigneur, et pour honorer son divin cœur dans l'adorable Sacrement de l'Eucharistie, aujourd'hui 1er juin, et sous le regard de sa divine Mère, j'ai promis de m'occuper, pendant tout ce mois, de la dévotion au Sacré-Cœur de Jésus, dans le but de lui rendre toute la gloire dont il est digne et de réparer tous les outrages qu'il reçoit de l'ingratitude des hommes. » Il prend la résolution de consacrer, chaque matin, une demi-heure, et chaque soir, un quart d'heure à méditer sur la dévotion au Sacré-Cœur. Il place cet exercice sous le patronage du P. de la Colombière, qu'il vénère comme un directeur plein de charité, et il s'engage à le prier chaque jour, pour qu'il l'aide à invoquer le Sacré-Cœur.

Quand le mois de Marie approchait, il s'y préparait par une retraite spéciale. Il choisissait quelqu'une des vertus de la Ste Vierge pour en faire l'objet de sa méditation quotidienne. Il lui consacrait toutes les pensées, toutes les occupations de chaque jour. Il ajoutait à la récitation de son bréviaire l'office de l'Immaculée-Conception. Après chaque partie de l'office canonical, il répétait trois fois cette invocation : « *Monstra te esse matrem,* » et il aimait à se rappeler que c'était la devise de Mgr Cart, dont il avait conservé un si pieux souvenir. Il se faisait un devoir d'amener dans sa conversation quelques mots à la louange de Marie. Il pratiquait quelques mortifications, et il jeûnait chaque samedi en son honneur.

Une des plus grandes préoccupations qui l'absorba constamment, ce fut la reconstruction de son église paroissiale. C'était une ancienne chapelle des Pénitents, fort délabrée, qui avait été transformée en église paroissiale, à l'époque du rétablissement du culte. Elle eut pour premier curé un prêtre plein de zèle, qui fut comme l'apôtre de Cette, et qui devint plus tard curé-doyen de Saint-Louis, le vénérable M. Gourgon. Or, cette église était trop étroite pour une paroisse qui grandissait tous les jours, et le nouveau curé n'eut qu'un désir : celui de la faire assez grande pour qu'elle pût contenir toute la population. Il ne cessait d'en parler en chaire; il en parlait surtout à Dieu. Lorsque, le premier mercredi de chaque mois, il présidait l'Archiconfrérie de Saint-Joseph, il y avait toujours une mention spéciale pour la nouvelle église Il avait lu, dans la vie de saint Grégoire le Thaumaturge, que ce grand saint avait obtenu, par ses prières, qu'une montagne, qui faisait obstacle à la construction d'une église, fût déplacée, et pour obtenir, par l'intercession de ce grand saint, un miracle semblable, il récitait chaque jour, trois fois l'oraison dominicale, avec le *Gloria Patri* et la salutation angélique. Dieu ne l'a pas exaucé.

Une municipalité hostile a donné à cet emplacement une autre destination. Espérons que le nouveau curé, qui ne connaît pas d'obstacles, et qui prend cette œuvre à cœur, avec toute la générosité de son âme, réalisera enfin ce qu'avait si ardemment désiré son prédécesseur. Grâce à ses efforts, grâce à la bonne volonté des habitants de Cette, cette ville sera dotée d'une église digne de saint Joseph et de sa population.

Un autre projet non moins important préoccupait encore le cœur de l'abbé Charles, c'était de construire une chapelle annexe pour le service religieux d'une partie notable de sa population placée à une trop grande distance de l'église paroissiale. Il ouvrit dans ce quartier, qui augmente tous les jours, une chapelle de secours et il en partagea la service religieux avec ses vicaires. Son successeur a développé cette œuvre ; il a placé un de ses vicaires à la tête de cette chapelle, et M. l'abbé Suc, répondant au désir de son curé, a déployé tout son zèle pour attirer les fidèles. Cette chapelle porte un nom qui est cher à la piété chrétienne. C'est la première qui ait été dédiée au Sacré-Cœur dans le diocèse, comme Saint-Joseph est aussi la première qui ait été consacrée à ce grand saint. Le Sacré-Cœur! Saint-Joseph ! ce sont là deux glorieux patronages qui ne peuvent qu'attirer les bénédictions du ciel sur cette annexe.

L'abbé Charles avait conçu un autre projet pour le bien des jeunes personnes de sa paroisse qu'il voyait avec peine trop portées à la légèreté, et il pensait qu'un ordre de pénitence pourrait exercer sur elles par l'austérité de ses paroles et de ses exemples une influence salutaire. Mais les ressources lui manquèrent pour cette entreprise qu'il eut le regret de ne pouvoir commencer. M. l'abbé Michel, qui croit n'avoir rien fait tant qu'il lui reste quelque chose à faire, réalisera un jour ce projet.

Au mois d'août 1887, ce fut sa dernière et bien courte visite à son pays natal. Il eut la joie d'y assister aux noces d'or de son frère aîné, l'ancien aumônier du lycée de Nimes. Vingt-cinq prêtres de la contrée et une nombreuse parenté se trouvèrent à cette fête. La messe fut solennellement chantée dans cette modeste église de Fraïsse où avait été baptisé le prêtre, objet de cette fête, et ce fut son frère qui l'assista à l'autel. Deux prêtres amis , M. le doyen de la Salvetat et M. le doyen de Clermont jetèrent sur cette fête l'éclat de leur parole éloquente.

Après la messe , une vaste table dressèe en plein air, sous la verdure des arbres, réunit tous les prêtres, parents et amis dans des agapes fraternelles. De nombreux toasts furent portés au prêtre qui célébrait sa cinquantaine, et l'abbé Charles, prenant le premier la parole, exprima en termes émus le desir que son frère aîné partageât pendant de longues années les travaux de son ministère dans sa chère paroisse de Saint-Joseph. Hélas ! ce vœu ne devait pas se réaliser.

L'abbé Charles, qui avait eu la joie d'assister aux noces d'or de son frère aîné , n'a pas célébré les siennes dans sa chère église de Fraïsse. La mort l'a prévenu, et c'est au ciel qu'il les célèbrera avec les anges.

CHAPITRE VIII

PÈLERINAGES DU CURÉ DE SAINT-JOSEPH. — SES DERNIÈRES ANNÉES, SA MORT ET SES FUNÉRAILLES.

—

Les pèlerinages ont occupé une large place dans la vie de l'abbé Charles. Chaque année, au mois de mai, il conduisait 600 membres de la congrégation des filles de la paroisse à Notre-Dame-de-Grâce, d'Agde. Presque tous les ans, il accompagnait un plus grand nombre de pèlerins à Notre-Dame-de-Lourdes. C'était un long pèlerinage de rosaires non interrompus depuis le départ jusqu'au retour.

Il alla visiter seul ou avec quelques amis les principaux sanctuaires du Midi, Notre-Dame du Verdelais, le berceau de Saint-Vincent-de-Paul, dans les Landes, et le sanctuaire de Notre-Dame-de-Roc-Amadour, où nous appelait l'amitié du bon évêque de Cahors, mon prédécesseur à l'aumônerie du Lycée de Nimes, le plus pittoresque des lieux de pélerinages, si le mont Saint-Michel qui s'élève du milieu de l'océan avec sa cime escarpée, n'était pas plus pittoresque encore.

A part les pèlerinages qu'il faisait à la tête de ses paroissiens, il se rendait presque chaque année à quelque sanctuaire pour y faire quelques jours de retraite. En 1862, il va passer une semaine à la Chartreuse de Mougères, et dans le règlement de vie qu'il se trace, il s'engage à visiter à tour de rôle les écoles et quelques familles pauvres de sa paroisse, à préparer avec soin les instructions et les catéchismes et à faire encore la retraite de chaque mois.

L'abbaye de Fontfroide avait souvent sa visite. Il allait voir son excellent supérieur, le R. P. Jean et prendre auprès de lui des conseils pour la direction de sa paroisse. Ils étaient l'un et l'autre unis par la plus tendre amitié, et les lettres qu'ils échangeaient portent l'empreinte de cette affection fraternelle. On dirait la plume de saint Bernard dirigeant du fond de sa cellule le religieux qui s'était fait son disciple.

Il trouva un charme particulier dans la délicieuse Chartreuse de Valbonne, si belle par son architecture monastique encadrée dans la forêt qui l'entoure, mais bien plus belle par la société de ses religieux et les hautes vertus de son prieur, le R.P. de Vaulchier. Il alla visiter en Provence les Saints-Lieux consacrés par le souvenir de sainte Marie-Madeleine, de sainte Marthe et de saint Lazare.

Une des retraites qui l'impressionna le plus vivement fut celle qu'il fit au tombeau de saint François Régis, à La Louvesc. Il y rencontra le P. Sylvain de la Compagnie de Jésus, un autre saint François Régis par son zèle, la ferveur de ses prières et sa vie austère. Ce fervent religieux, qui lui fit suivre les exercices de saint Ignace, l'engagea plus avant dans l'esprit du sacerdoce et imprima plus vivement dans son âme l'amour de Notre-Seigneur. Cette retraite demeura profondément gravée dans son cœur et lui laissa les meilleurs souvenirs.

Nous fîmes partie du pèlerinage que Monseigneur de Cabrières, au début de son épiscopat, conduisit à Paray-le-Monial. Il y avait un nombreux coucours de prêtres et de fidèles et la parole pénétrante de notre évêque remua puissamment tous les pèlerins. Ce fut le commencement de ce mouvement religieux qui renouvela dans le diocèse la dévotion au Sacré Cœur de Jésus. Le curé de Saint-Joseph en rapporta un plus grand amour de ce Cœur Sacré, et un ardent désir de propager son culte dans sa paroisse. Il apprit à connaître, d'une manière plus complète, les mystérieuses révélations faites à la Bienheureuse Marguerite-Marie et la sainteté du Père de la Colombière devenu le confident de son âme. Ses cahiers de résolution gardent le souvenir de ce pèlerinage.

Parlons maintenant de quelques-unes de ses relations avec les familles chrétiennes. Il avait reçu l'hospitalité au château de La Blache, près le Pont-Saint-Esprit ; il avait été touché de la cordialité exquise de cette patriarcale famille ; il avait prié dans cette belle chapelle grande comme une église et toute enrichie des souvenirs de Terre-Sainte rapportés des Saints-Lieux par l'aïeul, vrai chevalier chrétien, deux fois pèlerin du Saint-Sépulcre,

Le château des comtes de Montlaur, ce boulevard des catholiques, dans les guerres de religion, qui était le séjour préféré de Fléchier, lui ouvrit ses portes et lui confia pour quelques mois le jeune comte afin de le préparer aux épreuves du baccalauréat. Le nouveau professeur de Sommières, qui venait de conquérir ce grade, trouva dans son intelligent élève d'heureuses dispositions qui furent vite couronnées par le succès.

Il ne tint pas à lui qu'une famille illustre, une fille du comte de Montalembert, qui a comme son père le culte des lettres, ne vint recouvrer sur ses montagnes l'ancien domaine de ses aïeux, les de Montals. L'un de ceux-ci avait été pendant longtemps curé de l'humble paroisse de Fraisse et son nom y est redit avec vénération et reconnaissance. Je regrette que la jeune châtelaine ne vienne pas s'y dévouer, comme sa mère, aux soins des pauvres et continuer parmi nous les traditions de charité de son aïeule sainte Élisabeth de Hongrie.

Nous eûmes l'honneur d'accompagner, il y a peu d'années, Mgr Besson à Saint-Gilles, et nous fûmes reçus chez le maire, mon ancien élève au Lycée de Nimes, devenu un de mes meilleurs amis, M. Émile Aptel. L'accueil fut charmant. Son père, vénérable octogénaire, qui avait fait ses études classiques comme on ne les fait plus de nos jours, conservait le souvenir des auteurs de sa jeunesse, et il salua l'Évêque par quelques vers d'Horace, son poète de prédilection. Monseigneur, à qui ce poète n'était pas moins familier, répondit avec un gracieux à-propos à son spirituel interlocuteur, et pendant quelque temps, ce fut une joûte littéraire des plus intéressantes. Après cet assaut poétique, scène attendrissante ! les deux lettrés s'embrassèrent cordialement comme deux frères, et le vieillard chrétien, inclinant sa tête blanche sous la main de son Évêque, reçut sa bénédiction comme un trésor pour ses vieux jours.

Monseigneur avouait que, dans l'université, il ne croyait pas qu'il y eût beaucoup de professeur qui possédassent les auteurs classiques comme cet ancien humaniste.

Nous ne saurions passer sous silence ses pèlerinages à Rome. Il n'avait point résisté au doux et puissant attrait qui le poussait vers le pieds du Père commun des fidèles. Il visita trois fois la Ville Éternelle, et l'on comprend la joie de son âme quand il put saluer à l'horizon la croix resplendissante qui domine la coupole de Saint-Pierre. La bénédiction de Pie IX remplit son âme de bonheur, et la douce et paternelle figure du saint Pontife ne s'effaça plus de son cœur.

Quelques années après, il assistait au centenaire de Saint-Pierre, qui avait attiré à Rome un si grand concours de pèlrins, venus de tous les points du monde. On y comptait près de 20,000 prêtres et presque tous les évêques du monde. Avec tous les catholiques, il salua la gloire et la primauté du Prince des Apôtres : *Tu es Petrus et super hanc petram edificabo Ecclesiam meam.*

Le troisième pèlerinage eut un caractère plus intime. Il le fit avec ses deux amis privilégiés, Mgr Lamothe-Tenet et M. l'abbé Saumade. Il fut des plus complets. Ils commencèrent par la haute Italie et admirèrent le magnifique dôme de Milan, où l'abbé Charles vénéra les reliques de son saint patron, et les belles églises de Venise, qui gardent les reliques de saint Roch et le cœur de saint François de Sales, si chers à des prêtres du diocèse de Montpellier. Ils virent Florence et ses beaux sanctuaires, Assise, avec sa remarquable église, Naples, avec son site ravissant et le mont Cassin, dont un religieux français leur fit les honneurs; ils admirèrent les merveilles du célèbre monastère et les savants fils de Saint-Benoit qui l'habitent. Ils s'arrêtèrent enfin à Rome où ils reçurent la bénédiction de Pie IX, comme le couronnement de leur pèlerinage.

L'abbé Charles rapporta de Rome l'amour le plus ardent pour le Saint-Siège et pour les doctrines romaines. Il les professait hautement. Il aimait à contempler le portrait de Pie IX, et je me souviens que le jour où la nouvelle de sa mort arriva à Cette, le curé de Saint-Joseph monta jusqu'à sept fois en chaire, ne se lassant pas de dire la grandeur du deuil de l'Église.

Nous nous sommes trop facilement laissé aller dans cette notice, à parler de notre regretté frère et à faire connaître les circonstances de sa vie dans des termes qui ressemblent à des louanges. Or, des louanges, lui n'en aurait voulu à aucun prix. Il ne voulait que sauver les âmes, et pas autre chose.

Si nous nous sommes un peu longuement étendu sur cette partie de sa vie qui se rattache plus directement à la ville de Cette, nous avons cédé à la pensée affectueuse qui nous a porté à parler d'une ville où nous avons la joie de compter tant d'amis. Ce n'est pas sans ressentir une sympathie profonde que nous avons passé dix-neuf années au sein de la paroisse Saint-Joseph ; que nous avons vécu de sa vie et que nous avons partagé ses joies et ses fêtes. Notre cœur nous dit que nous lui appartenons sans réserve et que nous l'avons adoptée comme notre seconde patrie.

Chaque année, au retour de la belle saison, l'abbé Charles allait avec son frère prendre quelques jours de repos au sein de sa famille. Ces jours de congé n'étaient pas pour lui des jours inoccupés. Après la lecture de quelques ouvrages qu'il réservait pour cette époque, il préparait les plans des instructions et des neuvaines qu'il se proposait d'adresser dans le courant de l'année à son peuple Ces vacances étaient pour lui un temps d'agréable délassement. Il était au milieu des siens, et il voyait trois générations de parents vivre fraternellement sous le même toit. Nous étions quatorze assis à la même table. Cette vie patriarcale, simple et sans recherche, à laquelle venait se mêler la visite de quelques amis, cet air pur et fortifiant qu'on respire sur nos montagnes, ces promenades dans les champs, à l'ombre des chênes, le long des arbres qui bordent la rivière, étaient pour nous d'un charme indicible.

Le soir, nous aimions à contempler ensemble, au soleil couchant, nos montagnes empourpres des derniers rayons du soleil, ce paysage champêtre, plein de poésie, les grandes ombres descendant dans les vallées, et à entendre le bélement des troupeaux rentrant à la bergerie. Mais, hélas ! il n'est plus à mes côtés et je reste seul.

Peu de temps après, en effet, l'église de Nimes perdait son éminent Évêque ; s'il eût vécu à cette époque, le curé de Saint-Joseph, qui avait pour Mgr Besson une affection profonde, eût pris une bien vive part au deuil du diocèse. Il aurait aussi salué avec joie la nomination de son successeur, Mgr Gilly, dont il admirait le mérite éclatant, et empruntant le vers connu de Virgile, il aurait dit avec le clergé du diocèse :

.... **Uno avulso, non deficit alter**
Aureus.. . . . .

C'est toujours un rameau d'or, une plume d'or qui nous est donné, et le siège de Nimes est comme un arbre fécond qui porte des fruits merveilleux.

Ces moments délicieux, ces vacances qui nous réunissaient au pays natal n'avaient qu'un inconvénient, celui d'être trop court. Car, après un congé de quinze jours, le curé de St-Joseph se montrait impatient d'aller rejoindre sa paroisse. Il prenait congé de l'église de son village en disant une dernière fois la messe pour les chers défunts de la famille, en donnant aux pauvres, avec quelques bonnes paroles, une dernière aumône, et il s'en allait accompagné des regrets de tous ses compatriotes.

L'abbé Charles Azaïs partait, cette dernière fois, plein de vigueur et cependant Fraïsse ne devait plus le revoir. Le cher frère n'a pas eu la joie de contempler la belle statue de sainte Germaine, que notre nièce, si dévouée au culte de la pieuse bergère de Pibrac, a fait placer dans l'église de notre village, en souvenir de ses deux oncles. Elle priera pour eux, et ce sera une bénédiction de plus pour la famille.

Dès son arrivée à Cette, le pasteur zélé se mit à l'œuvre avec une nouvelle ardeur. Il établit la dévotion de Notre-Dame du Bon-Conseil, qui fut inaugurée par un missionnaire bien cher à la paroisse de Saint-Joseph qu'il avait évangélisée à plusieurs reprises avec un succès merveilleux, le R. P. Joseph, aumônier militaire, qui allait consoler nos pauvres soldats captifs et leur apportait des secours pendant leur dure captivité dans les prisons de l'Allemagne. C'était la grande conseillère que le curé voulait laisser à ses bien-aimés paroissiens.

Il avait assisté à ses derniers moments le doyen des prêtres de Cette, le vénérable abbé Agussol, qui, pendant près de trois quarts de siècle, avait été, par sa vie régulière et par sa piété, le modèle des prêtres et l'édification de Cette. Il s'éteignit paisiblement dans nos bras, et ce fut le curé qui présida ses funérailles, entouré d'un nombreux clergé. Il contracta, pendant la cérémonie, un refroidissement qui devait être mortel. Le lendemain, il présida les obsèques d'un médecin distingué, mort dans les sentiments d'une foi admirable, et qui emportait les regrets de toute la ville, le docteur Dumas.

Or, la fête de l'*Adoration perpétuelle* approchait, et, malgré sa fatigue, il monta plusieurs fois en chaire, le dimanche précédent, pour faire appel à la piété de ses paroissiens. Ce fut comme l'élan suprême de son zèle : « Vous viendrez, leur dit-il, vous prosterner devant l'auguste Sacrement exposé à vos adorations. Vous prierez pour ceux qui ne viennent pas le prier. Vous pleurerez », et en disant ces paroles, il y avait des larmes dans sa voix. Nous étions loin de soupçonner que c'était une parole prophétique et que, cinq jours après cette recommandation touchante, nous le pleurerions lui-même. Qu'elles ont été abondantes et amères les larmes qui ont coulé de tous les yeux, en apprenant la fatale nouvelle qui retentit comme un coup de foudre dans toute la ville. Il y eut des larmes dans toutes les familles, des larmes dans tous les yeux, des larmes dans toutes les classes, et les enfants de nos écoles pleurèrent, comme leurs mères, le bon pasteur qu'ils venaient de perdre.

Aussi, ce fut au milieu des sanglots que fut célébrée cette fête de l'Adoration, qui avait été l'objet des plus vives préoccupations du pasteur. On pria beaucoup, et les pleurs ne cessèrent de couler avec les prières.

Lui aussi, ce cher défunt, a prié, et de son lit de souffrance, où le retenait la maladie, pendant les longues heures de ses nuits sans sommeil, il n'a cessé d'avoir son Rosaire à la main. Calme et résigné sous l'étreinte du mal, il n'a laissé échapper aucune plainte, aucun regret, et il a été doux envers la mort, comme il l'avait toujours été envers les hommes. Il s'est endormi paisiblement sous la bénédiction du religieux qui l'assistait, et au moment où son frère, qui était loin de soupçonner que la dernière heure fut si proche, achevait le St-Sacrifice qu'il venait d'offrir pour lui, il remettait tranquillement et sans secousse, sous la garde de saint Joseph, son âme entre les mains de Dieu.

Quel deuil dans toute la paroisse! quelle angoisse dans tous les cœurs! Tous se disaient qu'ils venaient de perdre un père, et tous se sentaient orphelins. La ville entière vint s'agenouiller et prier devant sa dépouille. Les sanglots accompagnaient les prières, et nul ne quittait la chapelle ardente où il reposait sans avoir le visage baigné de pleurs.

Les funérailles furent des plus solennelles. Plus de cent prêtres, accourus de tous les points du diocèse, s'étaient fait un pieux devoir d'y assister. MM. les Supérieurs du Grand-Séminaire de Montpellier et du Petit-Séminaire de Saint-Pons, MM. les chanoines, archiprêtres, curés-doyens, aumôniers, anciens vicaires de Saint-Joseph étaient là, témoignant par leur présence de leur sympathie pour le cher défunt. On remarquait parmi eux Mgr Lamothe-Tenet, son ami de la première et de la dernière heure, ce cher confident de sa vie, inondé de larmes et comme écrasé par ce coup qui brisait d'une manière si soudaine des liens qui remontaient à plus d'un demi-siècle.

M. l'abbé Canonge, vicaire-général, avait été désigné par Monseigneur pour présider la cérémonie. Après l'Évangile, il donna lecture, d'une voix émue, de la lettre si touchante dans laquelle Monseigneur avait versé tous ses regrets et qu'il avait adressée au clergé et à MM. les Fabriciens de Saint-Joseph. C'était une admirable Oraison funèbre du cher défunt, et les gémissements qui montaient de l'auditoire, en l'écoutant, étaient le plus éloquent des commentaires. La voici, avec cet accent pénétrant qui a touché tous les cœurs :

Montpellier, le 3 mars 1888.

« *A Monsieur le chanoine Azaïs, ancien aumônier du Lycée de Nîmes,*

« *A MM. les Vicaires de la paroisse Saint-Joseph et à MM. les Membres du Conseil de Fabrique.*

« Chers et honorés Messieurs,

« Nous ne pouvons, ce semble, cesser de porter le deuil, et Dieu nous impose chaque jour de nouveaux sacrifices. M. l'abbé Agussol, de si vénérée mémoire, n'était pas encore enseveli, que la mort se préparait à frapper celui qui avait tenu à offrir pour lui le sacrifice auguste de nos autels, pendant la cérémonie des funérailles. Et c'est en demandant à Dieu d'admettre dans l'éternelle béatitude l'âme si noble et si sensible de M. le docteur Dumas, c'est à l'issue de la messe célébrée pour la consolation de cette famille chrétfenne, que M. le curé de Saint-Joseph a été saisi de la maladie qui nous l'a enlevé !

« Je sens avec vous, Messieurs, et comme vous, la perte cruelle que nous faisons. Parmi les prêtres de notre diocèse, il n'y en avait pas de plus attaché à tous ses devoirs que M. l'abbé Charles Azaïs. C'était un homme de piété, de prière, de zèle, d'austérité. Il ne vivait que pour sa paroisse; il ne songeait qu'aux intérêts spirituels de ses paroissiens. Et, si tendres que fussent les liens qui l'unissaient à sa famille, à son cher pays de Fraïsse, surtout à ce frère qui, après une longue et vertueuse carrière, commencée, comme la sienne, dans le dioeèse de Nimes, était venu chercher, dans le presbytère de Saint-Joseph, le repos laborieux et fécond d'une retraite remplie par l'étude et le dévouement aux ouvriers catholiques, M. Azaïs était avant tout, et par dessus tout, le pasteur, l'ami, le père des nombreux habitants des quartiers si populeux qui forment la circonscription de Saint-Joseph de Cette.

« Constamment préoccupé de leur ménager les moyens de mieux connaître leur religion et de mieux élever leurs enfants, il avait, pendant les dix-neuf années de son administration, aidé à la fondation et à l'extension de l'importante maison des Frères, de même que, pour remédier aux maux de la laïcisation, il avait créé la belle école de la Miséricorde.

« Infatigable dans ses visites aux malades et aux pauvres, assidu au confessionnal, soucieux d'attirer les fidèles autour de la chaire et dans l'église, soit par d'éloquentes prédications, soit par des missions, soit par des solennités musicales, le curé de Saint-Joseph tenait particulièrement aux catéchismes, au chant des cantiques, à tout ce qui pouvait former les enfants et agir sur leurs jeunes imaginations. Je ne crois pas que, durant le cours de son ministère, il se soit jamais distrait volontairement, ne serait-ce qu'un jour ou même une heure, du souci des âmes dont il avait la charge. Et sa mort survenue subitement, au milieu même des manifestations presque héroïques d'une activité et d'un dévouement que rien n'avait pu lasser ou ralentir, sa mort a été le glorieux couronnement d'une existence pendant laquelle la peine avait toujours été comptée pour rien, laquelle devait servir à affermir ou à dilater le règne de Dieu !

« Dès lors, Messieurs, vous le comprenez, je donne à ce courageux et fidèle serviteur de l'Église les plus justes et les plus profonds regrets. Je ne doute pas qu'il n'entre bientôt, si même il n'en jouit pas dès maintenant, dans la joie de son Seigneur et de son Maître. Mais je ne puis m'empêcher de vous plaindre de voir disparaître du milieu de vous un homme, dont les exemples étaient si propres à perpétuer dans nos rangs les meilleures traditions du véritable esprit ecclésiastique.

« Que Dieu daigne susciter, parmi les jeunes gens du diocèse, des vocations de plus en plus nombreuses, et que ces vocations, en comblant les vides que fait la mort, replacent aussi devant nos yeux les pures images de dignité et de vertu avec lesquelles les anciens du sacerdoce nous avaient familiarisés.

« Je suis, chers et honorés Messieurs, avec le dévouement le plus sincère,

« Votre affectionné et respectueux serviteur en Notre-Seigneur.

« † Fr.-Marie-Anatole de CABRIÈRES,
« évêque de Montpellier. »

Cette lettre de Mgr de Cabrières sera précieusement conservée dans la famille comme un souvenir qui lui restera toujours cher, et dans les archives de la paroisse, comme un testament qui lui rappellera l'attachement de l'évêque pour le curé de Saint-Joseph.

Après l'absoute, le cortège s'ébranla et déroula ses longues lignes à travers les rues de la cité. Le cercueil était porté par les jeunes gens du cercle catholique qui avaient tenu à donner cette marque de sympathie à leur pasteur bien aimé. Plus de cent draps d'honneur se déployaient le long de la procession. Le cercueil disparaissait sous les couronnes qui le couvraient. Dans l'esprit de l'Église, il vaudrait mieux avoir moins de couronnes et beaucoup plus de prières. La paroisse entière prenait part à cette manifestation religieuse. Elle était groupée en masses compactes le long des rues et des quais, et toutes les têtes restaient découvertes au passage du convoi. M. le Supérieur du Grand-Séminaire qui conduisait le deuil, témoin de cette touchante manifestation, s'écriait que ses obsèques avec ce grand concours de prêtres et de fidèles, avec tous ces signes de deuil, étaient le triomphe de l'humilité et de la charité. C'était une parole frappante de vérité, car il était humble ce prêtre qui, dans sa simplicité sacerdotale, s'était dérobé à tout honneur et à toute louange.

On savait aussi combien sa charité était grande et on disait à haute voix qu'il avait été l'ami des ouvriers et qu'il avait beaucoup aimé les pauvres. Le capitaine de Villeperdrix, élève chéri de l'Aumônier du lycée de Nimes, qui accompagnait son ancien maître, ne pouvait contenir son émotion devant ce spectacle.

Le curé de Saint-Joseph a voulu reposer au cimetière de Saint-Lazare, au milieu des pauvres, ses amis de prédilection. Il a reçu, dans la tombe d'une famille amie, une hospitalité momentanée que toute la paroisse aurait voulu lui offrir. Cette tombe n'a pas été délaissée et, chaque dimanche, les congréganistes et les enfants de la première communion, inconsolables de la perte de leur pasteur, sont allées réciter le Rosaire devant sa dépouille.

Mais la reconnaissance publique a tenu à lui élever un tombeau et, chaque famille, par une souscription volontaire, a apporté sa pierre au monument. Il est simple et sans luxe, comme il convient au bon pasteur. Une année après sa mort, M. l'abbé Michel a convoqué sa paroisse à l'ancien cimetière, et un immense concours de fidèles a entouré le cercueil de son ancien curé. Les larmes coulèrent de tous les yeux, comme au jour des funérailles, et tout le monde faisait toucher à sa bière des objets de piété et la baisait pieusement. Qu'il repose en paix, au milieu de ses chers pauvres, sous la garde de Dieu, et qu'il me soit donné d'aller le rejoindre dans cette dernière demeure et dans l'attente de la résurrection générale !

REQUIESCAT IN PACE.

Paroissiens bien-aimés de Saint-Joseph, priez pour les deux frères.

APPENDICE

Ce cher Frère, après avoir fait ses études au Petit-Séminaire de Saint-Pons, avait suivi les cours de la Faculté de médecine à Montpellier, sous le patronage de son cousin, le docteur Adolphe Baudel, professeur agrégé.

Reçu dixième à l'École de Val-de-Grâce, il avait été attaché à un régiment, puis désigné pour aller rejoindre l'expédition de Chine. Arrivé à Toulon, où le P. Félix prêchait l'Avent, il s'était présenté chez cet éloquent religieux et avait reçu de sa main une image signée de lui, avec cette inscription : « Soyez fidèle à Dieu et à la Patrie. » Nous éprouvions une joie singulière à l'entendre nous raconter, à son retour, sa longue traversée, ses chasses périlleuses dans les jungles des Indes, son heureuse rencontre dans les mers de la Chine avec son ancien condisciple, le contre-amiral Lamothe-Tenet, et les poursuites dirigées contre les pillards chinois. Il disait que la Chine était une nation intelligente, rusée, mais louche et portée au vol. Il rapporta de ces régions lointaines des armes fort curieuses et une collection de chinoiseries.

Il put, plus tard, assister au siège de Paris, soigna les malades du fort de Bicêtre et contracta dans ce service le germe de la maladie qui devait l'emporter quelques années plus tard. Ses funérailles, auxquelles assistèrent de nombreux ouvriers et les chefs de notre armée, furent solennelles. Plusieurs discours furent prononcés sur sa tombe. Mais ce qui parlait d'une manière plus touchante que ces discours, ce fut sa fin chrétienne, ayant à son chevet l'*Imitation de Jésus-Christ*, le fidèle compagnon de ses campagnes, qui était sa lecture de chaque jour. Qu'il repose en paix dans le cimetière des anciens Chartreux de Bordeaux, sous la garde de la Croix que ses anciens serviteurs, les infirmiers de l'hospice, ont placée sur sa tombe.

Nimes. — Typ Gervais-Bedot, place de la Cathédrale,

www.ingramcontent.com/pod-product-compliance
Ingram Content Group UK Ltd.
Pitfield, Milton Keynes, MK11 3LW, UK
UKHW021105260726
13994UKWH00002B/723

9 782329 459578